微商引流爆粉实战手册

全网引流实战300招

王九山◎著

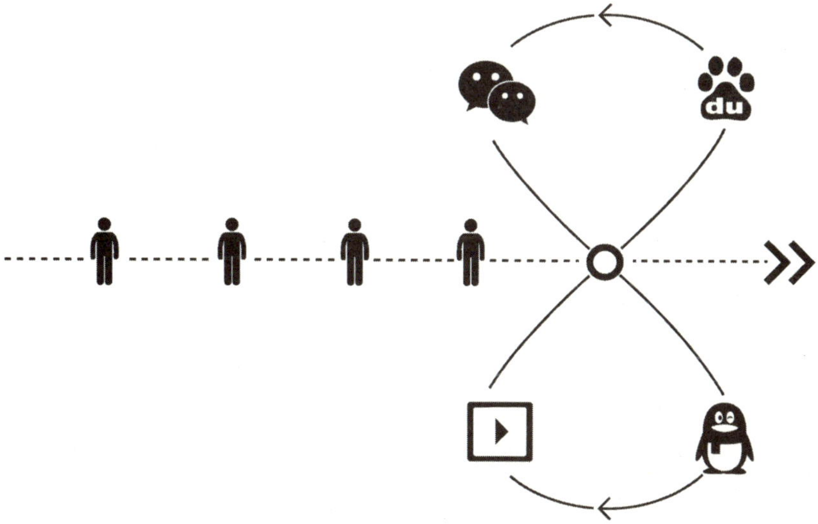

人民邮电出版社
北京

图书在版编目（CIP）数据

微商引流爆粉实战手册 ：全网引流实战300招 / 王九山著. -- 北京 ：人民邮电出版社，2018.12（2019.5重印）
ISBN 978-7-115-49799-4

Ⅰ. ①微… Ⅱ. ①王… Ⅲ. ①网络营销－手册 Ⅳ. ①F713.365.2-62

中国版本图书馆CIP数据核字(2018)第246347号

内 容 提 要

本书从移动端，特别是微商引流说起，通过各个平台的具体案例阐释引流的策略，包括百度平台、腾讯平台、阿里巴巴平台、新浪微博平台等。而这些引流策略并不局限于微商，在移动互联网日新月异的今天，任何产品想要成为爆品，就必须懂得引流、营销和运营。在移动互联网中，只有抓住了流量，才能抓住消费者的购买力。

本书能让微商快速找到自己的精准客户，对微商创业者有很大的帮助。

◆ 著　　　　王九山
责任编辑　单元花
责任印制　彭志环

◆ 人民邮电出版社出版发行　　北京市丰台区成寿寺路 11 号
邮编　100164　　电子邮件　315@ptpress.com.cn
网址　http://www.ptpress.com.cn
大厂聚鑫印刷有限责任公司印刷

◆ 开本：700×1000　1/16
印张：14.5　　　　2018 年 12 月第 1 版
字数：229 千字　　2019 年 5 月河北第 8 次印刷

定价：49.80 元

读者服务热线：(010) 81055488　印装质量热线：(010) 81055316
反盗版热线：(010) 81055315

大咖赞誉

流量是微商创业者的“拦路虎”，用经营人的思维运营好流量将让你的创业变得可持续、可成长。九山老师是一名非常擅长实战的老师，要想引流落地，这本书将会给你答案。

——中国电子商会微商专委会秘书长、微谷中国总裁　凌教头

做一个好人，比做一个成功的人更重要！做好微商，精准引流很重要，我全力推荐我的好朋友王九山。

——超级演说家 & 旗袍先生　崔万志

全网引流微信爆粉是微商行业从业者基于朋友圈营销热潮成功后，不得不升级迭代，而且是必须跳过的蜕变龙门。王九山的《微商引流爆粉实战手册》是微商从业者超越自己走向卓越的宝典。

——工信部·中国电子商务协会移动电商促进会会长　于久贺

和九山见过三次面，一路见证着他的改变，我经常把九山老师的故事讲给我团队的人听，得知九山要出版此书，我第一时间订购了200本。我很期待带着九山老师的方法和团队一起裂变，想想都很开心。

——玖蜜慈经贸有限公司董事　杨曦

九山老师的每次分享都让我耳目一新，收获颇多，他睿智的头脑、刻苦钻研的精神一直鼓励并感动着我，很高兴能邀请九山老师为我们团队讲课、注入

能量，带着我和团队一起裂变、成长。

——羽悦本草万人迷团队创始人　花姐

无论是引流高手，还是微商小白，都有必要认真学习本书，因为它是九山老师8年互联网营销的精髓，是真正的经验之谈，此书用朴实的风格阐释了微商引流的真谛和实操方法。我第一时间预订了100本用来帮助团队提高。

——细莫食品董事长　莫静波

凭我对九山老师的了解，我知道这本书一定会大卖。先做人后做事，在九山老师这里得到了很好的体现，他策划的每次引流活动都值得大家深度借鉴。我订购200本九山老师亲笔签名的新书，帮助团队提高业绩。

——吕家传春雷团队　杨合营

微商痛点有引流抓取难、引流成本不断攀升等。跟对人，做对事，九山老师做网络营销已经8年有余，他的引流方法不仅有效，而且给大家深刻的启发，此书适合大家反复阅读。

——中国电子商会微商专业委员会培训中心主任　郑清元

解决引流问题，让盈利倍增，后端销售会很强大，做微商必须学会引流，想要找到更多精准客户，我给大家推荐一个引流高手：王九山老师。

——万人迷微商特训营创始人　徐东遥

和王九山认识一年多了，我们第一次见面是在线下培训的现场，他给我留下很不错的印象，后来我也付费进了他的社群学习引流，和九山老师合作出自信任，我只和实干、踏实的人打交道，九山值得信赖。

——“微商”商标持有人、嘉浓品牌创始人　婵婵

王九山老师的引流方法，对微商创业者有很大的帮助，让你能够快速地找到自己的精准客户，节约大量时间和成本，得到九山老师的指导，会让你的品

牌少走很多弯路。

——社交电商传媒创始人　方雨

九山老师高明的地方，不在于他是一个引流高手，而是他能把他的学员也培养成引流高手。九山老师曾用微信群为我们羽悦本草近100个社群同步直播，传授引流方法，这些方法沿用至今。

——羽悦本草辉煌家族创始人之一　枫之语

九山老师是我在微商圈内见过最擅长引流、最懂互联网营销思维的一位老师，他教的方法非常有效。无论是在课程中，还是和九山老师一对一沟通，都能有很大收获。我在朋友圈也推荐过他，希望更多的人得到九山的帮助。

—— K 友汇创始人　管鹏

我身边很多人在用着九山老师的引流方法，我慕名而来找到九山老师，通过和九山老师沟通，我彻底打开了引流的思路，让我感叹“天外有天”，九山老师的书一定要让团队人手一册，我首次预订了200本。

——欧逸姿生物科技有限公司创始人　丁倩雯

学会引流，你就是流量入口。王九山的引流方法不但实战落地，而且他还有8年的百度实战经验，懂SEO又有微商思维的人不多，本书值得推荐。

——微信通创始人　王易

引流不是你去找客户，而是吸引客户来找你！要学会IP打造。而品牌方更应该注意自己的品牌在互联网的IP布局，王九山有8年的百度实战经验，相信可以帮助想把品牌做大做强的创始人。我支持王九山的新书。

——微商春晚创始人　勇哥

我很佩服九山老师，我给了他资料以后，24小时内就可以在百度看见我的大量信息，我们微商品牌方就需要他这样有互联网思维的强人为我们在百度上布局，希望他出书以后不再低调，帮助更多品牌布局。

——修芙俪创始人　姚金凤

之前和九山在朋友圈做过一次互推，见识了他的引流功底，后来也邀请九山在“万人迷特训营”做过分享，得到一致好评。我还把九山讲的其中一个社群快速裂变500人的方法收录在了我的公众号，九山是实战型的引流导师，对社群玩得也比较好，相信这本书会让你成为一个引流高手。

——《引爆微信群》作者　老壹

被九山老师的引流课程征服，并决定拜师。能成为九山老师的学生，是一件很幸福的事，他不但传授我很多互联网思维，还陪我的品牌一起成长，我们瘦伊点和潘高寿合作以后，网上的全部布局都是九山老师帮我规划和指导的，每次和九山老师进行头脑风暴都有很大收获，感恩九山老师。

——潘高寿·瘦伊点、班足品牌创始人　胡国红

自 序

当你翻开这本书，恭喜你，你即将成为一个引流高手！

引流方法被誉为微商创业成功的第一个“拦路虎”，引流一直都是微商人的痛点，流量和客源，无论是传统生意还是微信营销，大家都渴望有优质的资源支撑，有的学员问我，微商变化节奏很快，微营销会不会很快过时被淘汰？我说市场在变，而营销逻辑和裂变原理不会变。

作为一个互联网从业者，我早在 2009 年就开始研究互联网营销，也因此成为较早通过互联网受益的人，给自己赚来了人生中的第一桶金。那个时候主要还是在百度营销和 QQ 群中做营销，而如今那些百度引流技巧和 SEO 知识依然可以用到，并且当时积累的经验也给我现在的事业很大的助推力。通过互联网布局，裂变了大量潜在客户，他们也成了我的第一批种子粉丝。通过那段经历，我发现市场无论怎么变化，裂变和引流最终不过是为了给潜在客户一个了解我们的机会，达成交易或共识！

从 2013 年研究微信营销至今，我服务超过 1000 家微商品牌，看见太多品牌对微商布局不甚了解，很多人花了很多钱却见不到效果，很多品牌刚开始就宣布结束，很多微商团队裂变不起来，不知道怎么建立自己的“鱼塘”，微商新手有了第一批资源之后再也没有新的流量筛选，货卖不掉成为压货受害者，每每看到这种情况，我都特别着急，也有一部分人是没有引流意识，即便有好友也始终没有大的作为，还有一部分人是想引流，却找不到有效的解决方法，走了不少弯路。我也看到很多人找不到方向，看到他们渴望的眼神，我恨不得把我的经验一下子都教给他们。

市场上太多微商需要帮助，我开启了线上引流速成班，目前已经开了 28 期，得到大家的一致好评，有的人想长久地跟随我学习，拜我为师，还有很多品牌方邀请我到他们的微信群直播开课，有时一个群，有时几十个群同步开课，多的时候几百个群同时开课。这几年我培训和服务了1000多家微商品牌，服务受众超过100万名粉丝，而市场上依然有太多的人需要帮助。

别人一天工作8个小时，我可以一天工作16个小时，无论我多么努力，还是有太多的人因为引流花冤枉钱。因我的精力有限，为了能帮助更多的人成长，我决定把我的引流思维和营销逻辑，编写成这本书，希望为微商行业推动绿色发展贡献力量！很多粉丝知道我要写书后，纷纷表示支持，并且有的品牌方直接订购100本、200本，他们说支持我是一方面，另一方面也相信本书能使他的团队更好地裂变和变现。

现在是分享经济时代，做微商也是如此，不但要有学习精神，还要有分享精神。学习是为了使自己强大，分享是为了给予和利他，你的付出会得到更多人的追随。

我自诩是一个善于学习和总结的人，营销类书籍我买了500余本，除了看书，我还经常参加一些行业的线上课程，只要是收费社群，找到我的，我都会付费参与，第一可以获得人际资源，第二可以学到知识。我把学到的知识加上自己的理解做成笔记和文章，送给我的粉丝，同时还会分享到网络上。

我一共做了2000多次笔记，我的课件库已经有超过5000个微营销课件，有人需要的时候，我就会分享给他们，很多人把它们上传到百度、头条自媒体等，也有人通过百度看完我的分享后找到我和我结缘。

你帮助了别人，世界会通过另外一种方式给你回馈。分享是一种态度，我也号召各位读者，把从本书所学的分享给身边的人，让更多的人得到收获，也许你的分享会为行业做一点贡献，为社会带来一份温暖！温暖别人，也温暖自己！

由于我水平有限，编写时间过于仓促，书中难免有错误和疏漏之处，恳请广大读者批评指正，为此，我特意创建了一个在线支持与应急方案的微信公众号：王九山（ID：wangjiushan）。你可以将书中的错误反馈到这个微信公众号，当然，你也可以把从事微商过程中遇到的任何问题，通过微信直接和我互动，我会竭尽所能为你答疑解惑，如果你有更多宝贵意见，也欢迎发送邮件至

876193@qq.com，期待能得到大家的真挚反馈。

在此书完成之际，我感慨万千，最大的感受就是心存感恩。我感谢我的父母给予了我生命，谢谢我的爷爷奶奶把我养大。我希望在成书的那一刻，我可以把这份喜悦分享给他们。

我感谢本书联盟会员的力挺，大家共同搭建资源平台，共享并传递价值。

我感谢郑清元老师的引荐，感谢浣思文化团队的鼓励和帮助。

我感谢参与本书资料整理的所有专家、老师、朋友。

我感谢“九山联盟”的所有成员，谢谢你们的支持和帮助。

我感谢所有粉丝的支持，感谢拿到这本书的你。

我感谢所有帮助过我的人，因为了你们的滴水之恩汇聚了我的现在。未来我将心怀感恩，坚持“人人为我，我为人人”的理念，立志帮助更多心怀梦想的创业者，把大家对我的帮助传递给更多需要帮助的人！

这本书筹备花了一年多的时间，凝聚了众多人的心血，在大家的共同参与下，本书已经不只是一本书，更是一个汇聚上下游资源及圈内人际资源、知识等的综合平台，欢迎更多人与我一起探讨，我愿意与行业人士和周边产业链接资源人士共同打造围绕微商行业、粉丝经济和微营销的新时代。

大家通过这本书开启引流裂变之旅，打造属于自己的粉丝帝国。本书正文马上开始，期待你的改变，欢迎与我交流。

王九山（私人微信：876193）

前言

随着商业竞争越来越激烈，流量获取的成本越来越昂贵。微商如何才能低成本地获得流量，甚至是精准流量？对微商等行业从业者来说，这是关乎生死的严重问题。所以，掌握实用的引流技巧才是微商行业从业者迫在眉睫的举措。

1. 本书特色

本书从引流的思维，到引流的技巧，到引流的平台选择，到引流的全面布局，再到引流后留存粉丝的技巧，内容全为多年实践经验得来，极具操作性。同时，为了方便读者理解和学习，本书在讲解方法、策略的过程中，插入了很多示意图，方便读者阅读和操作。

2. 本书结构

本书整体上以平台选择为逻辑主线，但在具体的方法上根据由简单到复杂的顺序布局，这样读者在学习的时候能由浅入深，循序渐进。不同层次的读者可以根据自己的实际情况阅读。

3. 本书注意事项

引流并无定法，任何平台的引流，都要根据自己的实际情况融汇变通。

4. 本书亮点

本书在一些章节的结尾，向读者推荐了作者整理的诸多平台、网站、实用的操作模板等内容，能帮助读者在阅读的同时，也能有目标地实践、练习，只有这样，学习才是真正具有价值的。

5. 本书适合的读者

本书介绍的引流方法，适合任何与互联网有关的行业，如微商创业者、社群组织者、线下商铺、想进入微商的人士、传统企业的管理者、大学生创业者、宝妈创业者、微商大咖 / 教育者 / 服务者、自媒体从业人员、零售行业从业者、开设相关课程的大专院校师生等。

方法万变不离其宗，微商掌握了思维与核心，引流将轻而易举。任何微商都是一个小生意人，无非是借助互联网重塑了交易的方式，只不过本书将会极其客观地对微商和引流进行总结，希望读者能从本书中读懂微商和引流的真谛。

目 录

第 1 章
不忘初心，引流不打无准备之战

1.1 引流即营销，从古至今不过时

什么是引流？

什么是全网引流？

什么是客源？

什么是粉丝？

如果你的微信通讯录里没有人，你有再好的发朋友圈的技巧都没人看，那又有谁能买你的产品？如果你的微信好友很少，你又能与谁成交？如果一个舞台很华丽，你的舞蹈也很棒，而台下没有观众，谁能给你喝彩呢？

显而易见，店铺超市需要客流量，网站需要点击量，做微商的人需要精准的流量。流量可以说是客源，可以说是粉丝，或者是潜在粉丝，或者是我们的微信好友。

引流的最终目的是流量变现。而没有流量，你可能会错过这个流量为王的时代。

引流是为营销做准备，懂得做营销的人，看见人在动，就像看见流量在动。有句话说“得粉丝者得天下”，有“粉丝”的地方就有市场，有“粉丝”的地方就有商机。

我们有再好的发朋友圈的技巧，再好的成交技巧，如果没有人都是不行的。搭好了戏台，就需要有观众。

只要互联网不消失，你学到的东西就能派上用场，营销的本质是相通的，即便不做微商，做其他行业，道理也是一样的。

在我看来，引流分为三大块，分别是百度系、阿里巴巴系和腾讯系。互

联网三大平台几乎覆盖了90%的粉丝，基本上所有的粉丝或多或少和这3个平台有联系。

1.2 给我一个加你的理由

在引流中，最重要的是“引”，即吸引别人关注你，吸引别人与你成为微信好友，吸引别人成为你的朋友与粉丝。

社交电商、微商或新零售人员，不要只想着如何在微信上加多少朋友，而是要想着如何吸引好友，让他们主动加你为好友、主动关注你！

要知道，你主动加的好友，很多人对你根本不关注，他们只要没有被你吸引，就很难成为你的粉丝！而如果是通过你的产品、魅力等吸引过来的朋友，他们是因为需求而来的，有着更强的成交欲望和需求，所以转化率会更高。可以说，主动关注你的朋友，才是你最精准的粉丝！

要让别人关注你、加你为好友，就需要你给别人一个理由。这个理由可以是任何东西，可以是你的产品，可以是你的个人魅力，也可以是你掌控的资源等。找对了理由，粉丝会源源不断地到来！

你找理由的时候，站在对方的角度换位思考，找到的理由也会更加精准！

当然，找到吸引别人、让别人加你的理由，还远远不够，要想转化和变现，你还需要调整自己的引流心态。

所谓“利众者伟业必成”，你是想成就小我还是成就大我，是只想着引流转化，是站在利他的角度给予，还是只想着索取？

你要知道，引流高手是那些喜欢给予别人、帮助别人的人，大家之所以拥护他们、喜欢他们，是因为他们能时刻提供帮助，而不是时刻想着索取。

在任何社交关系中，喜欢提供价值的人，喜欢帮助别人的人，总能赢得大家的信任，而信任能带来成交。

如果你是乐于奉献和给予的人，大家就会喜欢你，并且向你靠拢，你带着给予和奉献的心出发，是快乐的，而成交会自然而然地达成。你要明白，帮助别人就是帮助自己，成功的人，一定是乐于帮助别人的人！

1.3 IP 打造：你是谁，你将遇见谁

在 IP 盛行的年代，个人品牌的塑造离不开 IP 的打造。每个人都可能是一个 IP，每个 IP 都可能成为一个大的品牌，爆发出极强的商业生命力。

你在引流之前打造好个人 IP，更容易裂变，并且引流过来的粉丝更容易转化。大部分粉丝是没有见过面的，在最短的时间内建立信任，让对方对你瞬间产生好感尤其重要，下面通过两个方面着手。

1. 个人定位

只有给自己一个准确的定位，你才能懂得自己的形象该如何塑造，自己该往哪个方向努力。很多缺少个人定位的人，一会儿把自己包装成创业者，一会儿又把自己包装成创业导师，一会儿又化身操盘手，定位混乱导致的结果是东一榔头西一棒子，无法在一个领域深耕。

你是谁？你将遇见谁？你把自己定位为一位销售员，你就是出售产品的；你把自己定位为一个教练，你就是创业导师；你把自己定位为一个创业者，你就是领导；你把自己定位为一个队长，你就会扩大自己的团队。

如果你想把团队做大，让更多的代理跟随你，那你就把自己定位成一个创业导师，帮助更多新手成长。微商新手最希望的就是能找一个有能力的师傅带着自己。我们不是卖货的，也不是招募帮我们一起卖货的人，这是一份事业，是帮助很多“宝妈”和大学生创业的事业，所以我们就是一个微商导师，或者创业导师，同时也鞭策自己不断地成长，不断地增强能量场，赋能更多创业者。

2. 展示形象

有了个人定位，最重要的就是展示自我形象。在任何场合，一个人的形象往往影响别人对他的判断与信任。如果你给别人展示的是不专业的形象，那别人往往就认为你不专业。

好的形象展示往往能与他人建立信任，而这其中的重点就是直接展示的个人头像了。“九山绝学：IP 打造六部曲”能解决你的形象展示问题，如图 1-1 所示。

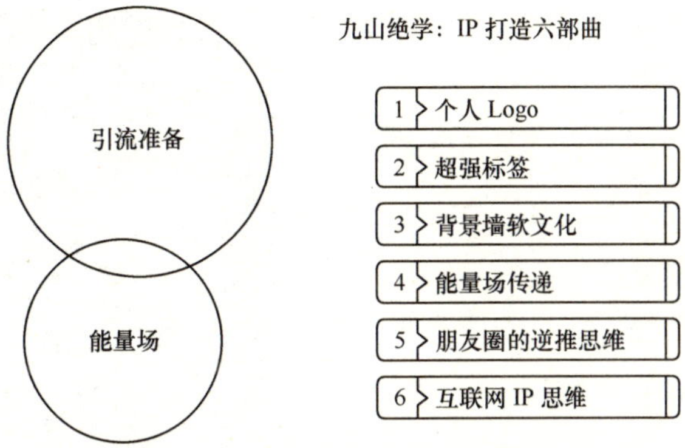

图 1-1　九山绝学：IP 打造六部曲

（1）个人 Logo：你的头像 = 商品 Logo。头像最好用自己的形象照。换位思考一下，如果你是粉丝，要网络购物，特别是在微信上下单，是否会想知道卖家是谁，是否会考虑对方值不值得信任等。如果连真实头像都没有，难免会让粉丝产生怀疑，那成交就变得非常困难了。

（2）超强标签：你的名字 = 商品的商标。有的人起一些奇怪的网名，还有的只用一些符号，没有任何文字，想找到你都不好找，对你的信任度就会降低，建议用你的名字 + 擅长的领域，我有十几个微信号，下面拿出几个举例，如“微商导师王九山”或“王九山 - 全网引流第一人”或者直接用“王九山 · 静心”。名字一旦选用，就不要轻易变换。

（3）朋友圈背景墙 = 品牌软实力。背景墙是一个给自己加分的地方，背景墙会影响后面流量的转化和成交，是塑造自己最好的广告位，一定要重点打造。这个地方没有绝对的打造标准，根据我的经验，这个地方就是尽可能多方面地展示你的能量场，它往往由 3 个部分组成。

① 形象照的元素。

② 个人标签和擅长的领域：如 ×× 第一人、×× 团队创始人、×× 创业导师等。这些标签一定是给自己加分的，或者能加固和强化自己擅长的领域。

③ 能展示自己的能量场的一些照片或合影。如站在舞台上拿着话筒的、在舞台上接受颁奖的、和明星大咖的合影、和自己团队的合影等，这些都可以给你增强个人能量的展示。下面用我的朋友圈背景墙给大家做个参考，如图 1-2 所示。

（4）**能量场传递**。除了通过上面讲到的背景墙感受能量场的传递以外，你还能站在利他的角度，让别人感觉你能温暖他，你能帮助他，如帮助多少人创业等。帮助目标群体解决痛点，也是你展示能量场的一种方法。除此之外，就是自己的个性签名，虽然没有绝对标准，但一定是利他并且帮助自己加分的，或是积极向上的个性宣扬。切忌是负能量的心情或者随便写一些不相关的减分的内容。

图 1-2　笔者的朋友圈背景墙

（5）**朋友圈逆推思维**。我们要知道发朋友圈的目的是证明自己的实力。很多人在朋友圈经常发些没有价值的内容，其实朋友圈是展示自己形象的绝佳地点。除了在朋友圈展示真实的自己，更重要的是要把自己的朋友圈打造成自带成交属性的朋友圈。那些狂刷朋友圈广告的人，最终只能面临被屏蔽、删除的结局。如果你不知道在朋友圈发什么，在后面的内容中你将有所感悟。

（6）**互联网 IP 思维**。微信是封闭的，只有你的好友才能看见，百度上的信息是开放的，任何人都可以搜到。你发现了吗？一些微商为了打造品牌，会在百度上大量布局，提高了可信度。当有人想做你的代理，特别是想花几万元，和你一起开创一份事业时，往往会在付钱之前犹豫不决，会在百度上搜你的信息或你团队的信息。当他发现没有任何信息，甚至有负面消息的时候，会阻碍他的行动，所以互联网布局尤为重要，后面九山老师会根据自己 8 年的互联网实战经验，教你如何打造自己的互联网 IP。

1.4 拥有鱼塘思维，建立自己的粉丝流量池

鱼塘理论是把客户比作一条条游动的鱼，把客户聚集的地方比作鱼塘。如在搜索引擎营销方面，我们可以把百度比作一个很大的鱼塘，把企业的网站理解为一条钓鱼的船，把网站上有价值的信息理解为一片片鱼饵，把潜在客户看作有各种喜好的鱼。

引流的三大前提：别人的鱼塘；精准的粉丝；鱼饵 + 鱼钩。

据我了解，做得好的微商的大部分客户来自陌生人的鱼塘，熟人市场最多占 20%，陌生市场占 80%。有些人做市场、做销售，担心自己没人际资源，朋友、同学少，怕做不好。如果做生意只是卖给熟人，那任何生意都会失败！在这个世界上，更多的是你不认识的人。所以，请开发陌生市场吧！别指望熟人能给你带来多少业绩。毕竟熟人的数量有限，我们要做到量变和质变，就要大量地吸引流量，批量筛选出精准的粉丝。我们熟知的朋友是有限的，陌生的市场却是无限的。我们在这个快速发展的互联网时代，最大的市场就是陌生市场。

1.5 万能引流公式：引流裂变六部曲

下面是我总结出来的引流裂变六部曲。

1. 客户定位

你是做什么产品的，你的客户群体是哪些，他们是男是女，是“宝妈”群体还是大学生群体，他们的兴趣、爱好等。你只有了解粉丝群体的属性，才能更好地设置对应的福利，以及更好地找到精准的鱼塘。

2. 目标鱼塘

目标粉丝聚集的地方都可以成为我们的目标鱼塘。鱼塘可以是一个平台、一个社群或一个人的朋友圈等。你要根据自己的粉丝群体的属性，掌握自己

的目标粉丝在哪些鱼塘里活跃，找到对应的鱼塘，投放对应的超级福利，吸引精准粉丝主动添加你。

你需要的精准粉丝，也许在你的通讯录里，也许在竞争对手或同行的手里，也许在你客户的朋友圈里，或许在线上或线下。大部分人会出现在互联网的各个鱼塘里，根据我的经验，以下 18 个鱼塘覆盖了 99% 以上的目标客户，一定有适合你去引流的鱼塘，分别是**微信群、朋友圈、老客户介绍、QQ 群、公众号、直播平台、视频平台、交友平台、百度搜索引擎、阿里和淘宝、自媒体平台、贴吧论坛、微博、类目网站、B2B 网站、母婴 App、百度竞价和网络电台**。不同的鱼塘，聚集着不同的目标粉丝，只要找到合适的方法，就会吸引大量的精准客户找到你，具体方法，我们将在后面的章节为大家讲解。

3. 设计超级福利

福利是给目标粉丝一个行动的理由。让别人行动有两大驱动，第一是利益驱动，第二是风险驱动。我们最好的引流方式就是提供价值，给予好处，帮客户解决问题，让客户心甘情愿地加你，心甘情愿地帮你裂变。福利是裂变粉丝的重中之重，根据自己目标群体的属性和鱼塘的属性，设计对应的超级福利，关于如何设计超级福利，我们将在后面章节通过案例一一讲述。

4. 引导行动

当我们确定好在对应的鱼塘吸引的精准客户，也设计好超级福利了，下一步就是通过交流互动引导他们行动，如告诉他们立即扫描二维码，即可免费获取，仅限前 30 名。替客户做决定，让他们马上行动。

5. 建立信任

当粉丝添加我们的时候，大家还不是很了解，不要急着成交，而是先建立信任，如何建立信任？建立信任最好的方式就是提供价值和兑现福利。

6. 连环裂变

裂变最好的方式就是连环裂变，裂变陌生粉丝背后的陌生粉丝，一个好的引流活动可以进行一度裂变、二度裂变、三度裂变，甚至无限裂变。连环裂变的主要原因就是利益驱动。粉丝为了得到对应的福利，会帮你转发或推荐新的粉丝给你。也可以通过引导，抛出新的引流主张、新的福利，让粉丝变成种子选手帮你裂变，并不断循环下去。

第 2 章
微信引流之推荐引流与集赞引流

2.1 打造无法让人拒绝的吸粉主张

引流就是要把自己的产品或福利，曝光给更多人。当别人看见你的引流主张时，给别人一个行动的理由。别人为什么添加你？合理地提供价值，让目标粉丝感觉即将获得超级赠品，或者马上要认识一个能为他提供价值的人。引流主张关系到你引流的效果，下面的七步教你如何打造不可抗拒的引流主张。

1. 设计超级福利

福利可以是实物礼品，也可以是虚拟价值。总之能激起目标客户的兴趣，它是目标客户愿意添加你的动力，是愿意参与裂变的根本原因。福利决定了引流的效果。例如：有的人用口红、水果、小礼物作为福利，也有线下地推的人通过气球当福利获得注意力，成本低并且能吸引不少“宝妈”。用最少的成本吸引精准的粉丝，甚至可以零成本吸引，如我就用课件作为福利，或者用讲课分享方法技巧作为裂变的动力。每个人都需要学习，课件成本低，且容易兑现，并且吸引的粉丝比较精准。

2. 给出原因

如回馈粉丝免费 ×××，三周年庆典赠送 ×××，即便是帮助别人也要有个原因，所有人相信天上不会掉馅饼，但大家愿意当一个幸运儿。

3. 塑造价值

大部分物品需要塑造，很多好产品在没有塑造之前平淡无奇，如果能把白菜塑造成与玉石的价值一样，还免费送，会被一堆人抢着要。

4. 稀缺性

物以稀为贵，稀缺性也是立即行动的最佳暗示。如仅限前30名可以获得。

5. 紧迫感

紧迫感能让人快速行动，如时间限制在24小时内。

6. 极简行动

一方面是方便地获取福利，门槛不要太高，如转发朋友圈即可获得礼物；另一方面就是添加你微信的方式要简单，要么留二维码识别扫描就可以获得，要么留下的微信号容易记住。

7. 兑现福利

兑现福利是建立信任的最佳途径之一，为下一步成交留下好的印象，也为连环裂变打下基础。

2.2 朋友圈连环推荐爆粉的秘密

2.2.1 朋友圈互推爆粉引流

使用微信的人都知道，朋友圈是我们社交中最主要的使用场景之一，是一个非常好的曝光场景，无论我们是卖产品还是引流，都是把我们想表达的内容让更多人看见。朋友圈堪称一个免费的广告位，我们可以把准备好的文案在朋友圈展示，不但可以在自己的朋友圈展示，更重要的是让别人转发你的文案到他的朋友圈，每个人背后都有一个鱼塘，我们要做的就是找到精准鱼塘，挖掘陌生人背后的精准粉丝，让他们看到文案被吸引后加你，这样就起到了引流的作用，那么哪些群体适合给我们转发？别人又为什么给我们转发呢？

其实，种子粉丝就在你的身边，如以下4类：**亲朋推荐、粉丝推荐、大咖推荐和陌生人推荐**。

每个人或多或少都有一些微信好友，即便是陌生人也可以发起推荐引流，后面也会介绍循环引流，轻松产生日引流300多个粉丝的效果。那么，如何让别人愿意把你的文案发到他的朋友圈呢？

第一种情况，对方需要你转发他的文案，这样可以互相推荐。

第二种情况，朋友友情给你转发。

第三种情况，让其获益。例如：我曾借助身边的朋友进行推荐引流，我先准备了文案，然后邀请朋友互推转发。

老壹导师在他的朋友圈转发后，如图 2-1 所示，我也转发了他的文案，以实现互推引流的效果。经过老壹导师的推荐，当天加我为好友的人超过了 100 个，我的粉丝数量增加了不少。

图 2-1　老壹导师转发的朋友圈

朋友圈互推引流就是如此简单，吸引来的都是精准粉丝，主动添加的当然是活跃粉丝，我作为微商导师，专门教别人怎么做微商，教别人怎么引流，这就是我需要的精准粉丝。那么你是什么行业呢？不同的方法会吸引不同的粉丝。

2.2.2　朋友圈互相推荐的十大注意事项

1. **文案要有推崇和塑造。**如对方擅长的方面或者他是某方面的专家，以及要说他是我的好朋友等。

2. 文案不宜过长。不要超过 8 行，这样在朋友圈不用点击“全文”就能看完全部文案。

3. 文案不要是彻头彻尾的广告。大部分粉丝对广告是反感的。

4. 要有超级赠品或者福利。如我们做的文案的吸引力就是超级福利，这样别人才会心甘情愿地加你。

5. 图片不宜过多。不建议 3 张，尽量做成一张，图片太多加大了别人转发的难度，最重要的是为阅读制造困难，如果就是一张图片的话，会增加打开图片的次数，增加阅读量。

6. 要用二维码识别。不要只留微信号，如果添加你的方式是搜索某微信号，会降低别人加你为好友的可能，因为搜索比较麻烦，且需要记住你的微信号。如果是二维码，直接识别就能显示。

7. 选对优质鱼塘。一方面是对方的好友数量要足够大，另一方面对方的好友要精准。如果对方的好友不精准，或者他的好友群体和你的需要不匹配，也会导致引流不精准或者质量不高。

8. 检验结果。对方是否设置了仅对部分好友可见。发朋友圈的朋友都知道，发出去的内容可以仅让部分人可见，某人有 5000 个好友，屏蔽 4000 个好友，甚至只让你一个人可见，那这就是无效推荐，得不到曝光。所以，要让对方截图，从而看到对方是否有屏蔽好友的行为。

9. 选对时间。选择微信粉丝比较活跃、空闲的时间，如晚饭后八九点。

10. 提醒好友关注。如果发朋友圈的关注量比较低，可以提醒好友关注，增加曝光点，增强引流效果。

2.2.3 互推循环

通过上面的方法，我们可以迅速吸引一批陌生人加我们为微信好友，我们需要做的就是，在微信中点击对方的好友请求，接受通过。但这样就结束了吗？不，这才刚刚开始，我们有了好友，还要让这些好友自动循环起来，引发裂变。

在裂变之前肯定要先兑现承诺与福利，兑现福利就是给予，给予会让对方对你产生好感，产生好感也产生了信任，有信任就更容易成交。这里的成交，是要让对方吸引其朋友圈里的好友，即让新吸引来的粉丝转发文案到他的朋友圈。

对方为什么会转载你的文案？因为你向对方抛出了一个新的福利，新的福利会让好友心甘情愿地为你转发。当然并不是所有刚成为你微信好友的人，都愿意转发，这时候就需要你使用其他的方法感化和影响对方。

在我看来，能够影响新的好友参与转发，形成裂变循环的关键要素有以下几个。

（1）**告诉对方，参与即学习**。通过转发活动，可以让他学习引流的方法，这是一个学习、练习的过程。

（2）**让对方感激你**。当你帮助了对方，当你解答了对方的疑惑，或者给了对方一些稀缺资源的时候，他出于感激，自然会帮你转发。

（3）**进行一些引导**。很多刚成为你微信好友的人，对你并不熟悉，你需要多与其交流，当你们成为真正的好友时，他出于为好友帮忙的考虑，会转发你的文案。

（4）**设置新的激励**。当出现新的激励时，有些微信好友或许就帮你转发了。不过，要特别注意的是，在设计激励的时候，一定要让对方感兴趣，如果对方不感兴趣，你的激励就是失败的。

（5）**互推**。遇到一些资源比较丰富的大咖时，你设置的激励对其并无太大的价值，这时候可以选择互推，即上面讲到的你和他互相转发对方的文案，以实现资源共享。

2.2.4 大咖的鱼塘捞鱼

行业内大咖的粉丝一般来说是比较多且比较精准的。很多大咖的粉丝少则几万，多则几百万。如果能通过一些方法让这些大咖的粉丝转化为你的，那你就会取得事半功倍的效果。

有人可能会怀疑，我只是个入行的新人，大咖为什么会让我分享他的粉丝呢？我也不能给他更多的激励。这样想其实是错误的，想借势大咖的资源是有很多办法的。我来告诉你一些与大咖产生链接，并借势的方法。

1. 购买大咖的产品

很多行业大咖有自己的产品，当你购买他的产品时，你就成为他的粉丝，自然拉近了关系。

2. 付费加入大咖的朋友圈

一些大咖有属于自己的粉丝群、付费群等，通过付费的方式加入大咖的朋友圈，就相当于进入了他的粉丝圈。例如：我曾经加入了管鹏的粉丝圈，通过管鹏的推荐，短时间内就有几百个粉丝成为我的好友，而这些粉丝原来都是管鹏的粉丝。

有些粉丝加入了我的粉丝圈，成为龙卷风引流商学院的联合发起人，和我产生链接之后，我推荐一下他当然没问题。还有些人向我学习引流和 SEO 技巧，我自然会将其拉入我的朋友圈。这样，通过大咖的推荐和信任背书，很多粉丝就与你产生了更多链接。

3. 资源互换

这个方法的前提是，你和对方的资源要均等，否则对方不愿意和你交换。

4. 通过软文产生链接

一个学员曾写了一篇文章介绍我，并且在文章里真诚地写了听完我的课程后的感想和收获。这篇文章是我的粉丝见证，我自然乐意转发。在我转发了那篇文章后，他的文章阅读量很快就增长了。之前他的文章阅读量只有几十次，转发之后我的粉丝都打开看，他的文章阅读量增长到了几百次。更重要的是，他的文章里有他的联系方式，这既增加了他公众号的阅读量，又能给他带去一些粉丝。

2.3 分享引流，免费的力量

你想要引流，就需要给看见你的人一个加你的理由，给别人一个转发的理由，掌握背后裂变的原理，简单的事情重复做，灵活运用，可以把很多营销思维放进去，进行升级就可以连环裂变，快速吸粉。分享引流，同样是设置超级福利，提供价值，让看见的人添加你，得到对应的福利，引导对方帮你转发、分享，让更多的人看见并参与进来。下面通过一个简单的案例阐述这个过程，如图 2-2 所示。

图 2-2 九山案例图

这个活动就是免费送核桃，让看见的人主动添加二维码领取，想要领取的人转发文案图片到朋友圈即可领取。

为了效果更好，我有 4 个建议：

（1）文案通俗易懂，不要太长，6 行以内；

（2）必须配图，配图不要过多，1 张或者 4 张；

（3）福利最重要，是别人行动的根本原因；

（4）文案和图片都非常重要，细节决定成败。

2.4 群发互推、名片互推引流

除了上面说的一些互推技巧和方法外，群发互推和名片互推也是非常好的推荐引流模式。

1. 群发互推

群发互推就是指以群发的方式，寻找互推资源，然后再利用这些资源进行群发裂变，如果操作得当的话，群发互推会短时间内为你带来大量粉丝。朋友圈的到达率远远不如一对一来得直接，如果话术得当，群发给 200 人，这 200 人都觉得你是在一对一私聊，并且感觉给他们提供了价值。一定站在提供价值的角度，给别人帮助，或者推荐一个优质大咖，能领取福利，这样引流的效果就会倍增，这就是一次成功的推荐。

群发互推要注意几个问题。

（1）**提前设置好文案**。好的文案能打动别人接受你的邀请，在文案中一定要说清楚你群发互推的目的和激励措施，否则在群发后可能导致别人产生误解，降低你的影响力。

（2）**不要强求别人**。群发互推靠的是好友的主动，如果你强求别人互推，可能就会招致别人的厌恶。设计的群发话术一定要考虑第三方的感受，要像和朋友一对一聊天一样，不要让对方感觉你是群发推销。

（3）**群发互推的激励措施一定要兑现**。这是保证后续引流来的粉丝对你产生信任的基础。

2. 群发福利

这个引流方法如果你能学到并且用到，那就更好了，因为你能实现自动裂变和几何式倍增。

为了让大家更明白裂变的思路，下面就通过一个案例来阐述。这个案例是我的学员根据我讲课的内容设计的，如图 2-3 所示。

这个案例中有几个元素非常重要：

（1）设计超级福利：大熊；

（2）给出原因：新店开业；

（3）塑造价值：2 米大熊，包邮；

（4）稀缺性：288 只，数量限制；

（5）紧迫感：活动有效期 2 天；

（6）极简行动：二维码识别领取；

（7）兑现福利：群发 200 人兑现。

这个案例，只是给你一个启发，掌握裂变的逻辑即可你不一定用大熊，你想想你的超级福利是什么，根据你的赠品属性，设计对应的互动交流。

图 2-3　引流海报

3. 名片互推

微信名片一般是大家互相加对方好友时采取的方法，具体技巧没有什么新奇的。但有一点必须注意，那就是在推送名片的时候一定要告诉对方，你为什么要推送这个人的名片，这点很重要，不然对方是不会主动加你推送的这个人为好友的。同样的道理，你邀请别人推荐你的名片，也应该提前写好理由，这样别人推送时就轻松多了，也更乐意给你推送。

2.5 集赞，让引流二次爆发

集赞引流可以为我们带来以下几个好处：

- 提高知名度，曝光率大增；
- 吸引精准粉丝主动加你；
- 让更多的人参与集赞；
- 潜在粉丝直接购买；
- 造势，多人转发；
- 买别人朋友圈的广告位；
- 影响准客户的鱼塘；
- 真实地回馈粉丝；
- 互动带来成交；
- 多重裂变（A 影响 B，B 影响 C……）。

初期的集赞，能为我们带来流量；而到了后期，我们可以通过集赞循环，放大集赞的价值。集赞循环的步骤如下：

- 准备文案，面对新加入的好友，要让他们参与集赞活动，这需要用好的文案说服他们；
- 准备图片（带二维码），图片一定要专业，不能模糊不清；
- 新好友转发集赞；
- 对再次加入的好友进行培训。

集赞本身的操作非常简单，但我们在进行集赞引流的时候，要注意集赞背后的激励措施是什么。我们可以集赞领课件，可以集赞听课，可以集赞换礼品，集赞参与活动等。集赞比转发引流的曝光度更高，能引来更多人关注，大家经常会收到别人的集赞邀请去点赞，如果点赞的这个活动足以吸引你，也许你也会参与进来！

我们通过实践案例看看集赞引流的操作过程。

2.5.1 激励措施决定成败

这是我自己操作的一个例子，先来看看集赞的文案，如图 2-4 所示。

图 2-4 朋友圈引流实践

在这次集赞引流过程中，我获得了几百个粉丝，他们主动加我为好友，其核心的驱动因素是我在文案中提到的“免费学习三天引流课程，并免费得爆粉 36 计”，这个激励措施对很多想要学习引流的人，是很有吸引力的。

他们加我为好友之后，我也兑现了诺言。在激励之下，他们也更愿意将我的文案转发到他们的朋友圈集赞，信任关系自然就建立了。

激励措施非常关键，一定要有诱惑力，更要及时兑现。

激励兑现之后，新的好友会更有动力地转发你的文案，这样就会形成滚雪球效应，集赞引流的效果会循环起来。

2.5.2 活动集赞

活动集赞就是指通过各种活动派发奖品，以激励粉丝转发文案集赞并领取奖品的过程。在这个过程中，你需要注意以下几个关键要素：

- 活动真实有效；
- 及时兑现转发集赞的激励；
- 活动要具有吸引力，奖品价值太低的话，几乎没人参与。

明白了这几个要素，再来看看一个实践案例。

文案：

好消息好消息！

特百惠星河尚品店（星河尚品步行街）优惠活动第一波开始啦！

凡转发朋友圈就有好礼相送：

集赞 8 个即送价值 98 元密封圆碗一个，限量 60 个；

集赞 38 个即送特百惠自制比萨或蛋糕一个，限量 40 个（现场教做）；

集赞 68 个即送特百惠 440 毫升油壶一个，限量 30 个；

集赞 98 个即送特百惠水杯一个，限量 20 个。

该文案中描述的活动大家经常看到，但有时效果会非常好，有时效果就很差。原因如下。

首先，集赞活动要具有吸引力。如果你发起的活动奖品只是几元的小礼品，别人一定没有动力参与，更别说加你为好友了。

其次，发起活动后，别人来领取奖品，结果商家以各种借口不兑现，这就严重影响了别人对他的信任。即使成为好友的人，也有可能立刻将其删除。所以，你在发起活动之前一定要策划好细节，不能匆忙开始，草草收场。

最后，通过活动转化粉丝。当加你的人成为你的好友，并领取了奖品后，你要针对他们再次发起活动，留住他们。不然他们很快又会离开，活动效果会大打折扣。

第3章
微信引流之引爆微信群、连环二维码

3.1 找到目标粉丝所在的社群并引爆它

微信群是粉丝活动的主要场所之一，人们已经习惯在群里聊天、办公、学习等。“物以类聚，人以群分”，一个多达500人的群，总有一些消费习惯相似、消费需求接近的粉丝，他们就是我们潜在的粉丝或合作伙伴。如果能在微信群里进行筛选、挖掘，只要使用合适的方法，就一定可以迅速将其引流为我们的粉丝。

在微信群中，加好友有两种方式。

第一种是你主动添加群友，在群里找到合适的人，主动申请加为好友。

第二种是被动添加，即别人主动加你为好友。让群友主动加你为好友是需要技巧和方法的，我们就着重说说这种被动添加好友的方法。

3.2 让微信群的人主动加你

让微信群的人主动加你为好友，用对了方法会非常简单，我常用的有以下6种方法。

1. 要经常在微信群出现

这和我们现实生活中人与人的交往是同样的道理，如果你在微信群很活跃，曝光频率高，大家对你就有一定的印象，那些对你感兴趣的群友自然就会主动加你为好友。

2. 在群中给群友提供价值

人与人出现利他行为的时候，最容易获得别人的好感和信任。所以当你给群友提供一定的价值时，他们会对你产生信任。你提供的价值可以是有形的，也可以是无形的，如帮助介绍生意等。

3. 分享课件

这个方法对很多人来说觉得无所适从，其实很简单，如果你没有课件，可以向朋友索取，或者下载一些老师的课件分享给大家。

4. 相关语言引导

这就需要你总结一套有价值的语言，就像我们在A、B互推中提到的那样，引流效果会很好。

5. 发红包

这个方法虽然简单、直接，但也需要你说一些引导的话，不然大家抢完红包，依然对你没有任何兴趣。

6. 分享知识

如果你是某个领域的专家，这个方法就非常实用。你无偿分享知识，会为你带来源源不断的粉丝。

3.3 千群裂变

很多人在通过微信群引流的时候，往往会陷入极端，即所有的群都是自己创建的，自己是群主，在管理群的时候权限更大。但这样做的弊端很明显，那就是你没有那么多的精力深耕每个群。亲力亲为，换来的并不一定是最好的结果。

有人又会陷入另一个极端，即所有的群是别人邀请他加入的，自己没有自主创建的群。这样会让自己很被动，在引流的时候往往瞻前顾后，无法放大引流的效果。

你要实现群裂变，最好的办法就是建群和加群同时进行，当积累足够多的群时，就能实现量变到质变的转化。

1. 通过换群的方式加入更多群

所谓换群，就是和别人交换，别人有10个群，你也有10个群，大家交换后，各自就拥有了 20 个群，这样你筛选粉丝的范围就能更大。

2. 在百度搜索微信群网站

有人专门建立了网站，供大家交换或者加入群，这样你就能发现更多精准的微信群。

3. 通过公众号搜群

阅读公众号文章时会发现，很多文章最后会写上加入某个粉丝群，你找到与你行业相关的文章并加入这样的群，粉丝会很精准。

4. QQ 群中交换群资源

这个之前讲过不再赘述。

5. 自己建群

这是指在合适的机会和场合建群，如参与某些活动时，通过加入一些群，自己再找一个理由建一个群，把对方群的粉丝拉过来。也可以通过引流主张，让粉丝自动往群里拉人，裂变新的群。

3.4 自建微信群，疯狂裂变

上面提到了自主建群，自主建群也有很多方法与策略，需要我们在引流的时候多关注。你需要关注建群的几个细节。

1. 群昵称

最好能够让对方获得有用的信息，群昵称要有较高的辨识度，能让人很快记住。

2. 群欢迎词

这会给新加入的群友带来一种亲切感，让其产生归属感，也能更好地留住群友，拉近距离。

3. 群口号

群口号要简单、易记，并且充满正能量、朗朗上口。

4. 群公告

群公告一般是介绍本群的规则等，这些完整的内容能让群友相处融洽。

5. 群文化

一个群就是一个组织，群友经过相处会形成共同的价值观、认同等，从而形成群文化。群文化具有极强的向心力，一方面能留住群友，另一方面能保持群的活跃度。

了解了这些细节，我们再来说说自建微信群的几个途径。

（1）别人转让群给你，你当群主。这是建群的一个捷径，不用你辛苦找人。不过要注意这个群的情况，如果是违规群，反而会带来负面影响。

（2）自己建群，并拉好友入群。

（3）可以找一些微信群网站，想办法把自己的二维码发上去，一般你需要定期更新群二维码。

（4）发动你的微信群友在各地建分群。这需要你具有极强的个人影响力，否则建分群非常困难。

（5）在活动现场面对面建群。可以多参加一些线下活动，在活动现场建群，并吸引别人加入。

（6）如果你有实力，可以自己组织一些沙龙等活动，通过这些活动建群，并邀请其他群好友拉别人加入。

3.5 付费群引流

做微商需要不断学习，现在很多老师在讲授课程的时候，会在微信群中开课。为了提高入群门槛，很多群是收费的。我自己也经常参加各种付费群，1 元、9.9 元、19.9 元、99 元、199 元和 1999 元的群，应有尽有，各个群根据不同的价值设置了不同的收费门槛。

在不同费用的群里，粉丝质量也不一样。一般来说，收费低的群里有做微商的初学者、行业的服务者、寻找项目的人，以及准备加入微商的人等。而在收费较高的群里，往往有一些大咖、优秀的团队负责人等。

不管怎么说，付费微信群里的人大多积极向上，求知欲望强烈，愿意为知识付费，也懂得感恩、热爱分享。如果我们方法得当，提供价值，可以吸引一大批高质量的群友主动添加我们。

下面我提供几个通过付费微信群引流的方法。

1. 做只勤劳的“小蜜蜂”

每个人要想取得成绩，不付出努力是不行的，要想获得别人的关注，你就必须让别人看到你的努力，如在学习群里积极发言、积极帮助别人提高等。你的努力别人看得见，也会被你感染，进而被你吸引。

2. 笔记是最佳的引流方式之一

在付费群里学习，每个人的理解能力、学习能力不同。如果你在认真学习的同时，还记下一份详细的笔记，它一方面能帮助你深入学习，多次温习；另一方面可以供其他群友借鉴，让那些没有学明白的人再次回顾。这样的举动一定能吸引更多人关注你。

3. 在群里分享有价值的干货

大家聚在一起学习，各有所长。即使是群里的老师也有不擅长的方面。如果你能在老师讲课之外，提供一些有价值的干货，群友一定会争相向你学习，成为你的粉丝自然水到渠成。

下面是我在社群学习的一个引流案例，给大家借鉴。

（1）提前入群，当群管理员，维护群秩序。

（2）开场前，发群红包，引导开课倒计时。

（3）发红包欢迎主讲老师。

（4）开课时，修改群昵称引起注意。如王九山，笔记整理中……

（5）在电脑上用文档做笔记，总结要干练、到位、知识点分明。

（6）总结 5 ～ 10 个知识点，发到群里。速度要跟上，让同学注意到你的贡献。

（7）中途截图部分文档内容（作用就是让同学佩服你的笔记功底，字体颜色有层次感）。

（8）大部分人注意到你提供的内容时会佩服你的速度和欣赏你的奉献精神，这时你停止向群里发知识点，告诉大家，为了避免干扰老师讲课，最后会整理成一个文档配上图片，免费送给同学，增强大家对你的好感。

（9）中途要赞扬老师讲得精彩的地方（你的群昵称就是广告）。

（10）课程快结束的时候，你在群里透露自己记了 100 多个知识点，赞扬老师的水平高（同时也暗示你做笔记一直没有停止）。

（11）在课程结束时，你发两个红包，红包上写："终于把笔记做完了，要笔记的加我。免费送。"

（12）加上一段话：感谢 ×× 老师的辛勤付出，本人总结了 100 多个知识点，送给真正有需要的同学，谁需要，就把邮箱私聊给我，免费赠送给大家。

（13）群里会有很多人说加你了，请通过。你就成了群里新的主角。

（14）添加后立即兑现承诺，会有人把收到你课件的截图发群里，引起更多人的注意。

（15）引导收到笔记的人，在群里感谢你、@ 你，持续引起大家的注意。

（16）你在第二天课程开课前，把昨天整理的笔记文档发到群里，会有很多人 @ 你、感谢你，你再次成为焦点。

（17）这样 2 天课程下来，大部分人已经主动添加你，还有极少人没加你，你要主动添加他们。

3.6 微信引流之群二维码连环引流

我们可以在别人的群里引流，也可以自己建种子群自动引流，把群二维码分享出去，通过互动引导，让有需求的潜在客户扫码进群，除了扫码进群，还可以通过互动筛选，人工拉进群，如我们经常收到好友的进群邀请，文案最后一般说：如果想进群回复 1 或回复 666 或回复我要进群等。你回复之后，对方可能会拉你进群，但更可能是让你进行其他操作或付费后再拉你入群，这种进群方式不但增加了筛选成本，还会降低一部分人参与的欲望，从快速进群引流的角度来说，最好的方式就是让别人看见二维码就有进群的欲望，并且进群之后，通过引导，让他成为种子用户，愿意分享二维码，让更多陌生粉丝进入我们的群，进而达到连环裂变的目的。

群二维码连环引流就是先设置一个福利群，也是临时对接群，先筛选一批种子选手，通过利益驱动，让他们转发我们的微信群二维码，让一批潜在客户看见并识别二维码后进群，再通过互动引导，让他们也转发群二维码，合格的选手进入 500 人的大群领取福利。

很多粉丝为了进大群领取福利，会转发群二维码，这样群二维码就会不断地出现在他们的朋友圈，会有源源不断的潜在客户被吸引进群。微信群人类在 100 人以内是可以扫码进群的，超过 100 人就必须邀请才能进群，所以要保证福利群一直在 100 人以内，并且通过这种方式，一天轻松加几百人甚至更多，那如何操作呢？

3.6.1 转发到朋友圈筛选进群

群二维码连环引流最重要的就是设计福利，以及设计流程，当然，第一批裂变的种子也很重要，先筛选愿意参与的人，吸引他们的注意力，拉进福利群，然后通过群公告引导他们转发群二维码到他们的朋友圈，在学习群中，通过转发文案到朋友圈吸引别人加群，然后通过群二维码连环引流，大致流程如下。

（1）设置进群的超级福利（利益驱动）。

（2）创建一个 3 个人的临时群（第一个群）。

（3）修改群名称，名称一定要直击粉丝的痛点。

（4）生成群二维码。

（5）撰写文案，塑造群的价值和福利内容。

（6）把文案和二维码第一次发到朋友圈曝光，吸引群友加入。

（7）吸引第一批种子粉丝加入你创建的临时群。

（8）通过群公告、群聊等方法，告诉第一批粉丝如何才能领取最终的奖励。

（9）引导第一批粉丝转发群二维码（第一个群），并将转发合格的拉入另一个群，让其领取承诺的奖励。

（10）被转发的群二维码将会继续有新人进来，以此循环引导，让新加入的粉丝转发。

（11）把转发合格并已经领取了奖励的粉丝踢出临时群（第一个群）。

（12）在临时群里，继续有粉丝加入，提醒添加群主，并继续引导他们转发，告诉他们进有 500 个人的大群的好处和福利。

（13）在大群发群公告，告知群里的活动以及开课的时间。

（14）临时群（第一个群）被多次转发后很快满员，踢出不转发者（保证群在 100 人以内）。

（15）第一个福利群满员后，再建第二个福利群，依次循环。

（16）在积累足够的粉丝后，开课提供价值和干货，并兑现承诺的福利。

在上述过程中，你设置的激励内容和你引导粉丝转发的话语非常关键。在不同的活动、不同的群中，激励内容和引导话语也要相应变化。

（17）课程中植入新的裂变活动和福利，引发新一波的裂变活动。

（18）循环引流。

根据我的引流经验，我给大家提供一些案例做参考。

参考示例

群名称参考：

公益分享 2018 引流爆粉十大秘籍（可优化）

文案参考：

劲爆分享：你想日吸引 300 个精准粉丝主动加你吗？

让我的好朋友王九山老师，免费教你学引流。同时赠送 5 套引流电子版课件 +3 套微营销秘籍，名额有限，赶紧扫码哦！

筛选文案参考：

免费学引流秘籍

免费开放 30 个名额，教你日加 300 人的连环爆粉方法，还送你微商快速赚钱的课件。快扫码进群领取课件 + 领取听课通道 + 领取资源，名额有限，快快扫码（附二维码图片）！

3.6.2 激励内容如何兑现

我们在上面提到，进行二维码连环引流，可以分为两个阶段：第一个阶段是引流到临时群（第一个群）筛选粉丝；第二个阶段是将筛选后的精准粉丝导入大群（第二个群）。导入到大群后，我们首先要做的就是兑现你承诺给大家的激励内容。

首先，你要保证一定会给大家兑现你的承诺，如果你不能兑现你的承诺，那你筛选的这些粉丝会很快离开，因为他们感到被欺骗了，如果他们对你连基本的信任都没有，怎么可能成为你的忠实粉丝呢？

其次，兑现承诺中的激励内容，并不是没有技巧地盲目兑现，而是要使用好这样的机会，在兑现承诺中，与粉丝建立进一步的联系。具体可以借鉴这样的方法。

（1）发一个群公告，告诉大家相关情况。

发群公告也要注意方法。我提供一个群公告做参考。

@全部人，欢迎加入引流爆粉大家庭，在这里你可以免费学到价值3000元的引流课程，晚上8点准时开讲，同时你还可以得到引流爆粉5套课件+3套微营销秘籍。另外，晚上课程还会有红包雨+神秘大礼+前沿微营销秘籍分享+……

（2）告诉大家把本群置顶，这样在听课的时候，方便快速进入。

（3）制定规则，要求在群内严禁发送广告。

（4）告诉大家，在讲课之前，群内好友可以互相加为好友。

（5）准时开课，不要让大家等待。

（6）讲课过程中，要不断活跃群气氛。可以通过互动、发红包等方式活跃气氛。

（7）讲课过程中不断引流，并逐步兑现激励内容。

通过以上步骤，可以让粉丝感觉物超所值，既能学到一些自己需要的知识，又结识了好友。当然，在这个过程中，我们也要不断提出新的痛点、发掘新的需求，这样，粉丝的注意力才能持续被我们吸引。

3.7 微信群发是一把“双刃剑”

微信群发，虽然和微信群发消息是两回事，但它们的模式都是一对多沟通，因此我们也在这里说说群发这个引流模式。

在节日问候或发送通知时，大家喜欢群发。

不过群发是讲究技巧的，并不是说一味地群发就有效果。群发得好，可能吸引许多粉丝前来关注；群发得不恰当，有可能会被好友删除、屏蔽。

群发有很多误区，我们在操作过程中一定要避开这些误区。

误区1：直接群发二维码意图卖东西，别人根本不会理你。

误区2：没有任何沟通，直接发一段长广告，这是别人非常反感的。

误区3：直接群发一段语音，语音开头为：大家好，我是×××。别人一看是群发，会对你没有好感。

一般来说，很少有人喜欢被推销，除非你的广告正是他需要的。但我们可以化被动为主动，粉丝不喜欢被推销，那就吸引他们主动和你沟通交流。通过群发主动吸引粉丝和你沟通的技巧有以下几个。

（1）要让对方觉得你在和他一对一聊天，而不是让他觉得你在群发。群发是没有稀缺感的，每个人都愿意被别人特殊对待。

（2）面对不同的粉丝要用不同的沟通方式，所以要在群发之前对粉丝标记标签，进行相应的分类。

（3）群发沟通，并不是一次群发就能完成的，而是需要经过多个步骤沟通，这需要提前规划，并设计要沟通的内容。

（4）群发时，可以先群发红包，再发写好的文案，因为对方收到红包是愉悦的，在这种情况下，他更愿意和你沟通。

（5）群发的频率不要太高，一般来说，频率3～5次为宜。群发后，可以在最后附上一些福利内容，如特殊关系特殊对待，额外送你××个课件。

（6）最后在群发内容时发个笑的表情，这点很重要，因为表情会让对方觉得你在和他交流，会拉近彼此的距离。

除了这些技巧，群发的语言引导也非常重要。如何让对方信任你，如何让对方感到温度，决定着他的参与度。至于如何用语言引导，不同行业有不同的特点，这需要自己多琢磨。

除此之外，群发也要注意一些重要的细节。

（1）群发一般在9:00～22:00，我个人感觉晚上或比较空闲的时间段比

较好。但不能太晚，不要在 23:00 之后群发，那样会打扰别人休息。

（2）群发后，别人回复你的时候，你要及时回复，否则别人会失去耐心。

（3）忌讳说“大家好”“你们好”，只要带了“大家”“你们”等词语，别人就知道你是群发的，自然会失去兴趣。此外，群发语音也要轻声细语，态度真诚。

（4）1 分钟内群发不要超过 7 次（腾讯禁止频繁操作，如果群发失败，可以 1 小时之后再操作）。群发的时候，内容不要带“营销”等敏感词。

第 4 章
微信引流之公众号引流

4.1 五步完成公众号的框架

公众号是腾讯进入企业市场的一个重要的工具，是连接人和企业、人和资讯、人和商品最重要的平台之一。据统计，如今每人平均关注 15 个公众号，粉丝在微信中 80% 的资讯是通过微信公众号获得的。

作为微商从业者，公众号是必不可少的，它可以辅助引流，并且对打造个人品牌有着举足轻重的作用。2018 年，微信对小程序做了一定的推广，小程序可以插入微信公众号文章，形成内容和产品的有机结合。

既然微信公众号如此重要，那么如何使用公众号呢？

注册公众号等初步操作，在这里不再赘述，我重点讲在公众号规划过程中需要注意的事情。

1. 注册公众号前一定要有准备

不管是账号、公众号的类型，还是内容，都要有所规划，这样才会避免注册后发生不适合自己的情况。例如：在选择公众号类型时，要想清楚自己到底要什么，订阅号和服务号只能二选一，对大多数人来说，订阅号是比较适合的。

2. 公众号昵称一定要有讲究，不能随便

公众号名称建议用“品牌 + 品类”的名字，这样方便粉丝搜索。如我做两款产品：××× 足贴和 ×× 漱口水，那么公众号名字就是 ××× 足贴和 ×× 漱口水。名称建议简单一点儿，不要太复杂！

3. 公众号的功能介绍一定要简洁、一针见血

你在写功能介绍时，要根据公众号推送的内容而定。一般可以是产品介绍和产品衍生相关的知识普及，也可以是微商经验技巧的分享与传播。

4. 自动回复的设置

当别人关注了你的公众号后，你应当发送一个欢迎词或公众号简介，这时就需要自动回复了。自动回复的语言可以幽默诙谐一点儿，可以把个人微信号放进去，引导粉丝添加。例如：亲爱的小主终于等到你了，如果你对 ××× 产品感兴趣，如果你对养生感兴趣，如果你对口腔护理感兴趣，如果你对微商感兴趣，那么恭喜你，找对地方了，详情可加微信：×××。

你可以根据自己的产品，编辑适合的文字，作为自动回复，会显得更加专业。

5. 菜单设置

菜单可设置也可不设置，但是我强烈要求大家设置。因为通过菜单，粉丝可以更加清晰、详细地了解产品以及服务菜单。

通过以上操作，一个公众号的基本框架就有了。如果这个框架是硬件，那么接下来要做的就是软件了。

4.2 公众号内容操作

提供公众号内容，这是公众号吸引粉丝的关键。如果没有内容，公众号就无任何价值。我从数量和内容两个方面介绍。

1. 数量

我建议每天推送 4 ~ 5 篇文章，如果内容太多，会显得非常杂乱，粉丝没有耐心看完。而如果内容太少，给粉丝的感觉又不专业，并且内容太单一、乏味。粉丝想要学习也找不到内容，从而对你的公众号失去兴趣。

2. 内容

公众号内容整体上可以分三大类，分别是产品类、产品衍生的相关专业知识和价值传播类。

（1）**产品类**。你可以介绍一些产品的相关知识，如成分、使用方法、注意事项、使用过程中的常见问题等。

（2）**产品衍生的相关专业知识**。如你是销售养生产品的，那你就可以推送一些养生知识；如果你是销售护肤产品的，可以推送一些化妆技巧。

（3）**价值传播类**。凡是你觉得有价值的内容都可以发，如有趣的、正能量的、实用的、新闻热点等，只要对粉丝群体有价值，都可以发。

通过以上两个方面，我们可以把公众号的硬件、软件都完善好。有了基础和内容，却没人关注、没人转发，这样的公众号还是没有多大价值的，因为它不能为你带来流量。

4.3 用短视频给公众号引流的方法

公众号的内容可以是文字、图片，也可以是视频、游戏等。文字、图片的引流暂不赘述，我们先来学习视频引流的方法，因为短视频是现在流行的。不过很多人在引流的时候，不知道怎么获得视频资源。如今，各个平台对视频的原创度要求都比较高，如果想要获得更好的效果，当然是自己原创。但很多人自己原创视频，费时费力，只能想其他办法。

在微信公众号的内容中插入视频，这些视频资源必须是从腾讯视频平台上得来的，所以你插入的视频可以是转发的，可以是原创的。即使是转发的视频，我们也可以对视频稍作加工，再插入到文章中。

1. 在插入视频的画面中加入微信号或二维码水印

一些传播很广的视频，谁都可以转发，转发的时候，可使用视频软件加上水印，而粉丝在观看视频时，看到水印，就有可能关注你的公众号或添加你的个人微信号。

2. 在原创视频中，可以在片头和片尾加入引导性的话语

如视频中的主角可以说“还没有关注 ×× 微信公众号的小伙伴，可以扫码或搜索微信号 ××，么么哒”之类的话语，引导粉丝成为你的粉丝。

3. 以礼品来引导

这个方法的核心就是通过短视频告诉大家关注某个公众号，可以参加一些活动，或者获得一些奖品、红包等福利。这个方法需要你付出一定的成本。

4. 发起活动或者比赛，让粉丝关注后才能参与

在用公众号发送视频时，运营者会推送一些好玩的活动，粉丝可以参与互动，如看完视频可以在内容页留言等。这时候设置关注后参与，想参与的粉丝就会积极关注。

通过关注公众号，获得视频中的某个关键的东西，这样能让心动的粉丝不得不关注，因为这对粉丝来说是有利的。另外，如果再设置如关注公众号，分享更多视频等条件，也会促使粉丝关注。

5. 发掘粉丝的好奇心

你可以在视频中发掘粉丝的好奇心，然后引导其关注。如可以在视频中抛出一些大家关心的问题，这样粉丝为了知道答案，会主动关注。

6. 引导粉丝互动

你可以在视频中引导粉丝在公众号积极留言，或者添加某个微信号，以参与竞猜等活动，这样的活动还可以录成视频放出来，丰富公众号的内容。

7. 使用其他视频平台引流

现在直播、短视频平台非常多，很多人在这些平台上有不少粉丝，如何将这些粉丝导入微信公众号呢？可以让公众号与短视频栏目号相同，这样粉丝就能快速地找到你的公众号。

8. 让其他公众号转发自己公众号的视频

你要想帮助自己的公众号获得更多的关注，其实也可以在其他公众号中转发。短视频栏目做得越来越大后，还可以创建公众号矩阵。

随着短视频、微信公众号的发展，相信会出现越来越多、效果越来越好的导流方式。

4.4 微信个人公众号与个人微信号互通引流技巧

如果将个人公众号和个人微信号互推，会有怎样的吸粉效果呢？

1. 举办福利活动互推

两者互推引流，举办相关的活动不失为有效的方法。

如个人公众号 A 与个人微信号 B，互推引流。

个人公众号 A 举行“优质公众号内容评选”活动，凡是参与投票的人，都可以参加抽奖活动，设定相关的奖品，如小手链等。这时候，个人微信号 B 就可以在自己的朋友圈等渠道推广，B 的粉丝只要点进去就会参与，并且有机会获得奖品。当然，B 举办活动的时候，A 的推广也是同理。福利对粉丝的影响效果还是很明显的，B 的粉丝发现有福利活动，也就同时成为 A 的粉丝了。

2. 互动引流

上面提到的引流方法是针对 A 和 B 自己的粉丝，两者还可以通过互动吸引“过路粉丝”。

例如：公众号 A 发表一篇文章，B 可以在下面发表高质量的评论，大家通过聊天的方式展示给更多的人，并介绍一些有趣的内容，吸引大家的关注。A 评论时也是同理。如图 4-1 所示。

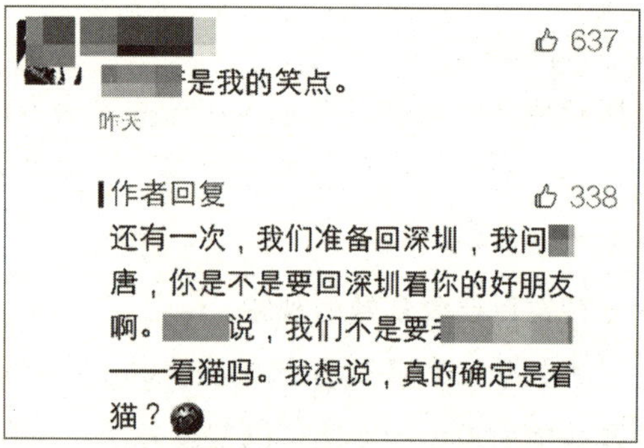

图 4-1　公众号文章相关评论

互动之后，很多人对文章的内容有了更深刻的理解，进而对文章感兴趣，从而关注公众号 A，A 的引流也就实现了。

合作互推引流，对个人微信号和个人公众号来说，更像是彼此多了一个舞台，大家互相关注，为彼此的引流做贡献。

4.5　如何让投票自动给公众号涨粉

微信公众号有投票功能，学会使用这个功能，可以为你带来不少粉丝。看看那些选美、选萌宝、选最佳员工、优秀团队的投票转发就知道了，引流效果非常好。投票引流的效果为什么会很好呢？我觉得无外乎以下几个原因。

- 利益的驱动。一些投票设置了不错的奖品等，大家受到奖品的鼓励，会积极转发。
- 参与互动。
- 获得荣誉。

理解了这些原因，我们就能从原因出发，思考一些引流的方法。投票引流，除了奖品重要，内容也很关键，具体来说有以下几个关键点。

1. 投票的主题

一个好的主题就是为了让粉丝顺其自然地接受这个活动，只有粉丝接受了，才会顺其自然地参与。例如："三八妇女节"做"最美女性员工评选"，本地号做"全民票选十大吃货圣地"等。

2. 参与门槛

所有的活动都需要考虑设置门槛。有些投票活动因为步骤太烦琐，参与成本过高，降低了粉丝参与的积极性。

在投票活动中，不仅报名参与评选的门槛要低，而且投票参与者也要降低门槛，不能设置太烦琐的流程。你可以设身处地地想一想，你会为了一个投票而做注册、验证吗？很可能你看到这样的投票，会马上放弃。

此外，也不要通过留微信号等方式让参与者搜索才能投票。最简单的方法是留下二维码，让参与者长按图片扫码，直接进入投票页。

3. 善于推广你的投票

再好的活动也需要让人知道，否则活动再好、奖品再诱人，没人参与也是没有价值的。所以，投票活动一定要推广，不论是通过文章、图片，还是视频，要让更多人知道。推广可以分为前期、中期和后期。前期推广的目的主要是让更多的人知道这个活动；中期是为了刺激和调动参与者的积极性，如公布比赛进度、展示礼品等；后期是颁奖和活动的总结。

4. 奖项设置要合理

不要设置很少的名额，因为参与者的积极性会降低。当然也不能设置太多奖项，这样又会让参与者感觉无所适从，觉得投票活动价值不大。一般建议设置前三个大奖，后面多一些参与奖或者其他奖励，成本也不高，但是对提高积极性来说非常有用。

4.6 小程序引流

小程序在腾讯的大力推广下，呈现逐步火热的趋势，所以小程序也是一个大流量入口。你要引流，这样的入口就不能放弃，并且小程序和公众号是一种互补关系，公众号强在内容，小程序强在成交、引流。

小程序可以与公众号无缝对接，微商可以使用公众号进行软文宣传，然后在文章中插入小程序，粉丝可直接跳转购买或领取优惠券再进行消费。

小程序在引流时，要注意以下几个方面的问题。

（1）**昵称关键词**。你要根据粉丝的搜索习惯和产品特性注册小程序名称，这样才能让小程序的排名更靠前，更有可能被粉丝搜到。

（2）**添加小程序位置**。粉丝下拉微信界面，会跳出“附近的小程序”，这个推荐是根据位置推荐的。所以，在我们做了小程序后，一定要巧妙添加位置。一个小程序能添加 10 个地理位置，只要操作得当，推荐概率会非常高。

（3）**鼓励粉丝分享**。小程序和公众号一样，如果没有粉丝参与，内容再好也是无用的。所以，在我们做好了小程序之后，一定要通过各种办法鼓励粉丝分享，如粉丝在分享后，可凭截图领取小礼物等。

（4）**拼团**。用小程序承载拼团、秒杀、砍价等优惠活动，可以激发粉丝的参与热情。这可以让小程序在较短的时间内积累庞大的精准粉丝。

（5）**公众号文内广告**。广告主可以在后台新建“文中广告”，将公众号文章与小程序融合。“文中广告”出现在文章中间，且广告内容与文章关联，容易与粉丝互动，属于服务粉丝的广告形式，粉丝更易于接受。

（6）**公众号绑定相关小程序**。当粉丝关注公众号时，就能看到位于显眼位置的“相关小程序”，点击可直接跳转到小程序。

第 5 章
QQ 引流技巧

问答平台
百度系
腾讯系
自媒体平台
分类信息平台
门户论坛
搜索引擎推广平台
博客/微博平台
新闻门户平台
视频平台
品牌推广
口碑营销
个人IP打造
王九山
百度霸屏
知
悟空
wukong
搜狗问问
贴
文
搜狐
头条
大鱼号
网易号
58
百姓
列表网
liebiao.com
西祠胡同
天涯
妈妈网
360搜索
搜狗搜索
Google
新浪新闻
網易新闻

5.1 如何搜索精准粉丝 QQ 群

QQ 和微信都属于腾讯旗下的产品，很多人只知道在微信上做营销，却忽略了 QQ。其实，只要方法得当，在 QQ 上做营销也能获得很好的效果。

你要在 QQ 群做营销，首先你要入群，所以精准搜索 QQ 群是非常关键和重要的。某个 QQ 群的粉丝具有一定的共同特征。我们可以根据这些特征搜索关键词，如搜索“减肥”就有很多减肥群，搜“养生”就有很多养生群。同样，搜本地的地名，如深圳、北京等，就可以搜到关于当地的各种群。

那么，我们如何通过搜索 QQ 群找到精准粉丝呢？

1. 粉丝定位

首先要清楚自己的潜在粉丝是大学生，还是老人、小孩；是男人、女人，还是宝妈。如搜索“宝妈”，就可以看到很多相关的 QQ 群。

2. 角色同频

所谓角色同频，就是你要站在群主的角度，考虑别人具备什么条件才能加入本群。如果你想进宝妈的群，你就要是宝妈，头像和昵称以及个性签名要和宝妈同频，如图 5-1 所示。

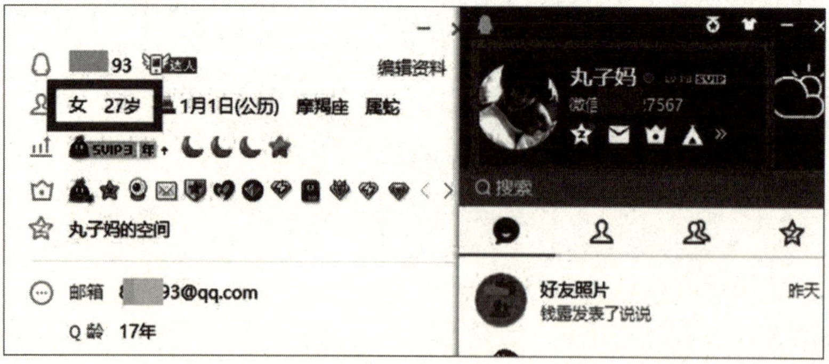

图 5-1　角色同频

3. 优化申请进群验证信息

进群验证信息如果写的是“群主你好”或者没有任何验证信息，别人是不会同意你进群的。如果换种验证信息，通过率就会大大提高，如要进宝妈群，你申请时验证信息可以写“孩子快 1 周岁了，进群学习育儿经验”。

当然，也可以提前加群主或管理员为好友，向他说明加群的目的，让他通过。

5.2 QQ 群基本引流方法

当你加入了一些 QQ 群，接下来你需要做的就是引流操作了。不过，即使加入了 QQ 群，也不能一上来就发营销信息，而是要一步步进行。

具体步骤如下。

（1）修改群名片，查看群公告，可以将自己的名片修改得更具有标志性，吸引别人的关注。

（2）在聊天的过程中，可以发红包，进行自我介绍，这样能给其他群友留下好印象。

（3）既然入群了，群友就有可能是你的好友，所以你可以直接添加群友为个人好友。

（4）接下来就需要你一一去开发粉丝了。可以一对一发起临时会话，了解群友的情况。

（5）要在群里提供价值，如分享资源、帮助别人答疑解惑等，让别人主动添加你。

（6）发群邮件引流。

（7）发起群临时讨论组，可以以一个具体的话题展开，批量引流。

5.3 如何通过群文件、群相册引流

很多群是不允许群成员上传群文件和相册的，这个时候就需要我们自己

建群，通过群文件和群相册引流。那我们应该如何打造吸引人的 QQ 群文件和相册呢？

1. 确定内容范围

想要通过群文件、相册实现引流，必须了解哪些内容能吸引大家的关注。

（1）行业相关的干货或一些新闻图片、粉丝分享的信息等。

（2）线上与线下活动的相关内容、照片，或者分享相关福利等。

（3）可以“无意”上传一些个人资料，增强大家对你的信任。

在 QQ 群上传这些内容，会起到潜移默化的作用，逐渐引起大家的兴趣。

2. 如何植入个人信息

为了让大家及时地加你为好友，在群文件和相册里需要软植入你的个人信息。

（1）背面加水印，设计颜色，与文件和照片融为一体。

（2）编辑一些小笑话，把自己的信息编辑进去。

（3）把信息作为案例加到文件的内容介绍里。

你要想吸引更多的人关注群文件和相册，可以通过多种渠道进行宣传，如微博、微信、论坛等。

5.4 如何批量让群友看见你的信息

你加入一个群，直接在群里发广告，很容易被群管理员清理出去。并且，群里很多人设置了消息免打扰，你群发信息，大家也不一定能看得见。怎么办？下面这个方法可以让群里所有人同时看见你的信息，无论对方是否设置群消息免打扰，无论对方是不是你的好友，这个方法就是发起多人聊天（临时讨论组），如图 5-2 所示。

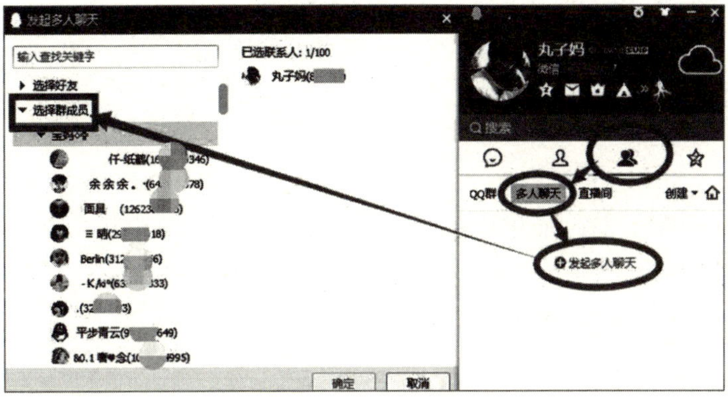

图 5-2　发起多人聊天

5.5　付费 QQ 群引流

QQ 有个功能，可以设置付费门槛，即别人要入群，就要付款给群主才能进群。往往付费的群更精准，群友质量更高，大家也更珍惜里面的资源，群主既可以引流，又可以赚钱。

我们可以自己建付费群，也可以加入付费群。一般来说，自己建付费群，群主可以自由设定成员进群需支付的费用，群成员支付该费用后即可入群，不需群主或管理员审核。群成员支付的进群费用将在次日转账至群主的 QQ 钱包。

只有满足以下条件，群主才可设置为付费群：

- 群等级≥ LV2；
- 群信用星级≥ 5 星；
- 群主 QQ 等级≥ LV12。

你可以在群资料中查看群等级，了解资格，具体路径：**群资料→右上角按钮→群信用星级**。

5.6 QQ 同城活动引流

借助 QQ 群，我们还可以发起大型的同城活动。这个活动可以不局限于 QQ 群，让同城所有的 QQ 好友都看到。我们要想发起一场 QQ 群同城活动，首先任意打开一个 QQ 群的对话框，点击标题栏的“活动”，进入相关页面，如图 5-3 所示。

图 5-3　QQ 同城活动发布流程 1

接着按照提示一步步往下进行，如图 5-4、图 5-5 所示。

图 5-4　QQ 同城活动发布流程 2

按照引导选择，最终我们能发起一场同城活动。海报、主办方、活动简介、活动名称是我们可以引流的地方。而在活动介绍里，文案要尽可能吸引粉丝的注意，说明会有哪些活动、哪些福利，这样才能更加激发粉丝的参与热情。

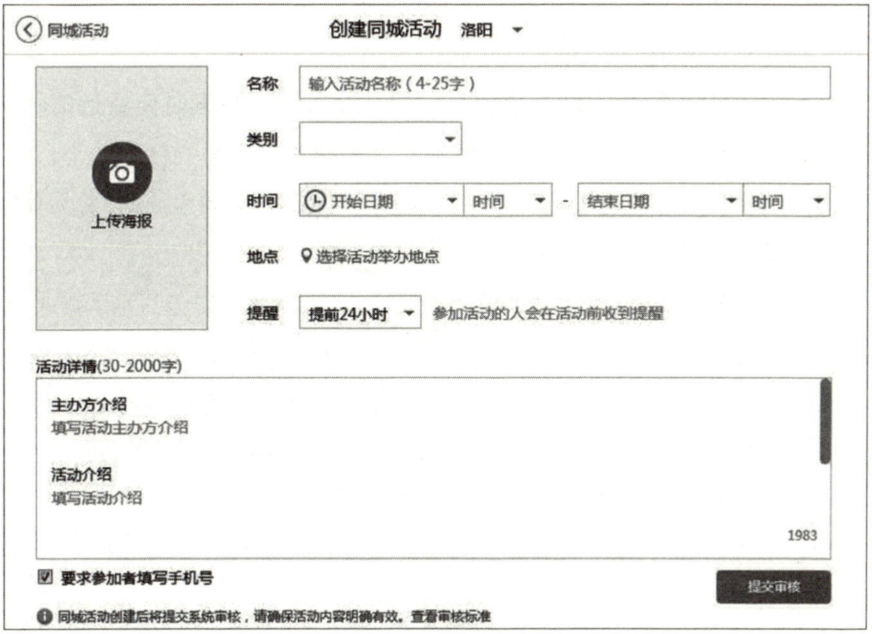

图 5-5 QQ 同城活动发布流程 3

一般来说，同城活动需要 1 ~ 2 天的审核时间，因此我们应该提前半个月就预告发布活动。一旦通过，喜欢参加聚会的人，就会看到我们发布的活动，并报名参加。这样的活动，人越多越好，才能产生引流的效果！

5.7 QQ 空间引流

QQ 空间内容丰富，只要操作得当，能够传达的信息量比微信、微博和 QQ 账号本身要多不少，能起到更大的引流作用。

1. 送好友礼物

我们可以批量给 QQ 好友发送礼物，每次最多可以发 7 个好友。送礼物之后，粉丝登录 QQ 就必须阅读留言内容，并强制点击才能消失。

在留言中，我们可以加入赠品链接、微信公众号或回复关键字获取赠品等内容。即便不是节日或好友生日，我们也可以送礼物。不要过于频繁地发送礼物，否则腾讯会将 QQ 账号认定为恶意操作并将之封号。

2. 提高空间曝光率

（1）**在个人资料中不断更改生日日期，设置为离当下时间最近的一天，这样头像和昵称信息就会持续地出现在粉丝的空间中**。需要注意的是，这样的曝光只会出现 QQ 昵称的前四个字，如将昵称改为“销售鱼竿”“奢品代购”等，效果就会更好。

（2）**邀请转发**。邀请粉丝转发日志和说说，可以通过赠送两元话费或积分兑换小礼物的方式，促使 QQ 好友转发日志，大大提升空间浏览量。

某微商曾经在 QQ 空间进行这样的活动：列出简单的数学题，并邀请别人回答问题和转发，只要转发，都能免费获得《微商创业一百问》电子图书，该活动开始后吸引了上百位好友转发，50 多位好友评论。

（3）**每天更新**。每天至少要发布 5 条说说和 1 篇日志，这样好友就能经常看到你的信息。

更新时间分布如下：

- 早上 6:00 ~ 7:00，发布一条说说，此时绝大多数好友还没有起床，无法发布动态；
- 上午 11:30、下午 5:30，分别发布说说；
- 午饭和晚饭时间段，分别发布说说；
- 晚上 9:00 ~ 11:00，发布日志。

3. 空间搜索引擎优化

QQ 空间在各大搜索引擎中有较高的权重，对其进行优化也比较容易。不妨按照下面的步骤进行。

（1）用比较新的 QQ 号码开通空间，回避老号码的历史干扰。

（2）从百度指数中选择排名较低的关键词，组成空间的名称、简介或个人资料。

（3）设置权限，即把 QQ 空间设置为所有人可访问，这样才能被搜索引擎的爬虫工具发现。

（4）在大型门户网站发布 QQ 空间链接，引发爬虫工具的搜索和获取。如在搜狐、新浪、网易等网站发布外链，QQ 空间被百度等搜索引擎收录的速度就会更快。

4. 留言板引流

留言板是 QQ 空间的一个特色功能，在该版块中，粉丝的评论大多不是针对你的某篇日志或某张照片，他们只是对你的 QQ 空间进行评价，并实现空间内部的“延时互动”。

在这个公开的留言板中，你同样不能放过营销的机会。在留言板的“主人寄语”中，你可以写下你的欢迎辞，对所有来访者表示欢迎。

在 QQ 空间营销中，你一定要鼓励来访者留言，如此才能提高你的 QQ 空间的人气。为此，每当有粉丝留言时，你都应当尽快回复，并去他的 QQ 空间“回访”，以礼尚往来的方式，提高对方的来访欲望。

5. 空间装扮

在 QQ 空间中，你具有极大的个性化权限，这就意味着，你能够通过装扮空间，提高 QQ 空间的营销价值。为了获取更大的自定义权限，你首先要购买黄钻。

黄钻会员赋予的“管理员权限”，包括自定义皮肤、标题栏、日志背景、专属道具等，你几乎可以完全按照自己的想法设计 QQ 空间，甚至你可以将之设计成“官网”的替代品，使用 QQ 空间的庞大粉丝规模，实现快速引流，并依靠说说、空间日志、相册、留言板等功能，将微博、博客、图片等引流营销模式融为一体。

QQ 空间的“完全自主性”也让很多人措手不及，如果你没有足够的精力布置自己的 QQ 空间，你也可以使用 QQ 空间推荐的模板。其中比较热门的就是自媒体营销模板，其简洁的风格赢得了许多粉丝的喜爱。

5.8 QQ 签名与说说引流

QQ 签名是 QQ 粉丝的重要个性展示窗口，你可以在这个窗口输入各种文字信息。对一般的粉丝而言，这只是一个抒发感情、分享状态的窗口，但对你而言，这是 QQ 营销的第一个引流阵地。庞大的粉丝基数、绝佳的展现窗口等让 QQ 签名成为绝佳的引流营销窗口。

1. 抓住展示机会

你需要抓住 QQ 签名的展示机会：当你添加别人为好友时，你的 QQ 签名会展示在你的昵称下方；当你的 QQ 签名更新时，你的头像会“高亮显示”；当你与好友聊天时，你的 QQ 签名也会始终显示在聊天窗口顶部。

2. 构思引流营销用语

QQ 签名的字数限制是 100 个字符（一个汉字为两个字符），但这并不意味着你可以在 100 个字符内尽情发挥。事实上，作为最主要的展示窗口，QQ 聊天窗口顶部的 QQ 签名大概只能显示 50 个字符。因此，你要构思一段不超过 50 字的营销用语，将产品、服务、活动等信息说清楚，并引起粉丝的好奇。

3.QQ 签名众包

一个人的力量是有限的，作为一种较为被动的营销方式，为了将之传播到更广阔的范围，你可以选择新兴的 QQ 签名众包模式，如图 5-6 所示。所谓众包，就是在网上雇佣有价值的 QQ 号，根据其好友数量和质量，支付一定的报酬，让你设计的内容成为他们的 QQ 签名。

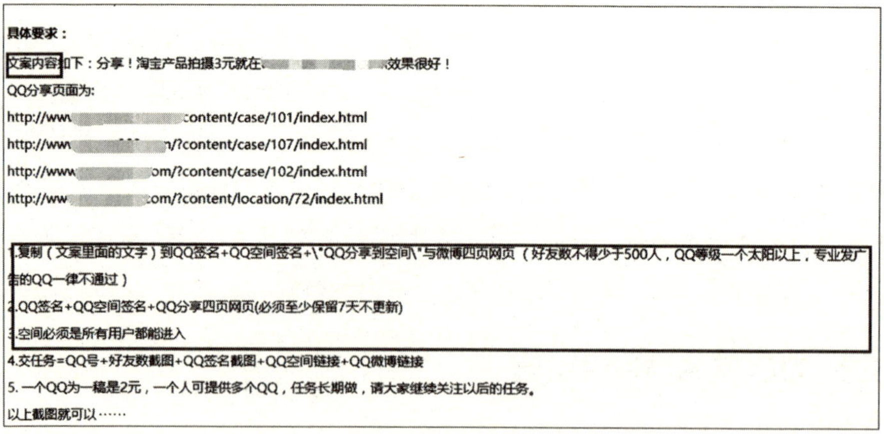
具体要求：
文案内容如下：分享！淘宝产品拍摄3元就在　效果很好！
QQ分享页面为:
http://www　content/case/101/index.html
http://www　n/?content/case/107/index.html
http://www　om/?content/case/102/index.html
http://ww　com/?content/location/72/index.html

1.复制（文案里面的文字）到QQ签名+QQ空间签名+\"QQ分享到空间\"与微博四页网页（好友数不得少于500人，QQ等级一个太阳以上，专业发广告的QQ一律不通过）
2.QQ签名+QQ空间签名+QQ分享四页网页(必须至少保留7天不更新)
3.空间必须是所有用户都能进入
4.交任务=QQ号+好友数截图+QQ签名截图+QQ空间链接+QQ微博链接
5. 一个QQ为一稿是2元，一个人可提供多个QQ，任务长期做，请大家继续关注以后的任务。
以上截图就可以……

图 5-6　众包 QQ 签名

再讲述一下“说说”图片的编辑与标签设置。

“说说”，类似于 QQ 空间的微博。唯一不同之处在于，你的“说说”更新信息，如 QQ 签名一样，同样会显示在 QQ 面板中，因此，你也要重视“说说”的发布。

你需要注意的是，虽然多数人用“说说”发布个人的生活状态，但作为 QQ 营销账号，你应该减少这样的信息，因为你的好友和你并不熟络，所以他们对你的生活状态并不感兴趣。

因此，你在保持一定的更新频率（最好是每天一条）的同时，发布的内容最好是一些有价值的内容。

除此之外，“说说”图片的编辑也是影响营销成败的关键，在发布“说说”时，你要添加一些相关的配图，如图 5-7 所示。你需要注意图片的质量。另外，在配图中，你还可以借助自定义功能，为图片添加标签，迎合潮流。

图 5-7 “说说”图片的选择与编辑

5.9 QQ 兴趣部落引流

2014 年，腾讯在手机 QQ 上推出兴趣部落功能，开始进入兴趣社交领域。

在陌生人社交中，兴趣确实是最有效的连接方式之一，可以迅速让人们“打成一片”。

在这个基于兴趣的公开主题互动社区，为了提升粉丝的社交体验，兴趣部落会与 QQ 群中的“兴趣标签”互动关联，如图 5-8 所示。如此，粉丝既可以在兴趣部落交流兴趣，又可以加入感兴趣的 QQ 群与其他人在线聊天。借此，粉丝可以走出相对私密的 QQ 群，加入公开的兴趣部落，从而拓展自身的社交边界。

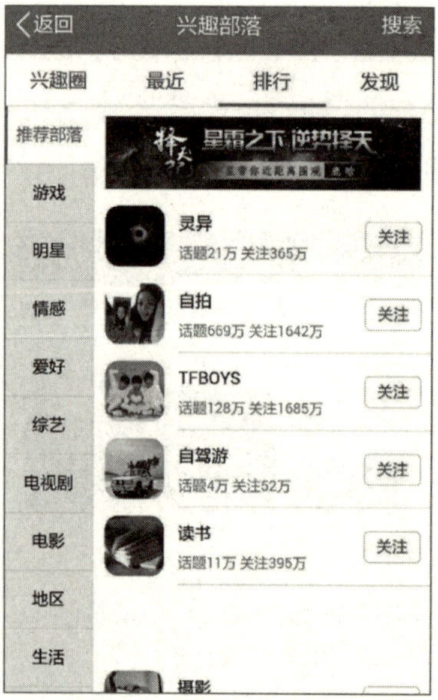

图 5-8　QQ 兴趣部落的兴趣分类

具体如何实施呢？

1. 选择主题和名称

兴趣部落结合了论坛、话题、圈子和 QQ 群四大功能，几乎在移动端满足了粉丝的一切社交需求。在兴趣部落中，粉丝被分为“酋长”“达人”“铁杆粉”等级别，等级不同，粉丝权限也有所区别。其中，“酋长”可以给话题加精，“达人”则具有发表话题、点赞、评价、转发等权限。

目前，兴趣部落的主题众多，涵盖了游戏、情感、城市、运动、明星、动漫等多个领域，全面的主题分类也使兴趣部落能够覆盖“70 后”“80 后”

“90后”甚至“00后”的粉丝。因此，借助QQ的“全民应用”属性，你可以选择合适的主题，吸引目标粉丝的参与。

如何吸引更多的目标粉丝？你的目标名称是影响成败的第一要素，只有拟定一个诱人的部落名称，你才能吸引粉丝点击进来。你需要注意的是，如果你不是名人、你的品牌尚不知名，那么切忌使用它们作为部落名，因为这会让粉丝轻视该部落的内容质量。

在拟定部落名称时，你最好对时下的流行词汇进行调查，如“友谊的小船”等，这些流行词汇可以帮你迅速吸引大量网民。然而，在信息高速传播的今天，很多流行词的寿命甚至只有半天。不要盲目使用流行词，而是要将之与自己的品牌、产品、服务结合起来，并赋予其新的意义。

2. 个人品牌营销

兴趣部落同样是基于QQ的一个自媒体平台，在创建兴趣部落时，你首先要让部落主题与自身营销目的产生关联。

在部落运营的过程中，你可以选择在初期凭借“酋长”的身份，将部落“炒热”，并做好管理工作，在部落内部树立权威，塑造自己的“酋长”形象。

在部落逐渐成熟之后，你可以再创建“达人”账号，不断发布优质内容，并与粉丝互动，成为受“铁杆粉”欢迎的“大V”。切忌在部落建立初期直接发广告，这只会使部落成为“营销部落”，缺乏吸引粉丝的内容。

当你的部落真正聚集一群潜在粉丝时，你就可以将其纳入你的QQ群，采取QQ群的营销策略，以“酋长”“达人”的身份为营销产品背书，将粉丝转化为客户。

一个部落的力量是有限的，在部落运营的过程中，你也可以加入其他热门部落，“借塘打鱼”。你甚至可以与其他部落“酋长”联合，以“互推”的方式，让自己站在第三方的立场，实现兴趣部落的引流价值。

第 6 章
百度引流技巧

问答平台
百度系
腾讯系
自媒体平台
分类信息平台
门户论坛
搜索引擎推广竞价
博客/微博平台
新闻门户平台
视频平台
品牌推广
口碑营销
百度霸屏
个人IP打造
王九山
知
悟空
搜狗问问
头条
搜狐
大鱼号
网易号
58
百姓
列表网
liebiao.com
西祠胡同
天涯
妈妈网
360搜索
搜狗搜索
Google
sina新浪新闻
網易新聞

6.1 百度搜索下拉框中的关键词布局

百度搜索的下拉框功能是指在移动设备或 PC 端访问百度首页并搜索关键词时，百度会自动推荐与该关键词相关的长尾词，以便粉丝直接搜索而不需要打字。例如：搜索“引流”，会出现“引流推广”“引流量软件”“引流袋”等，如图 6-1 所示。

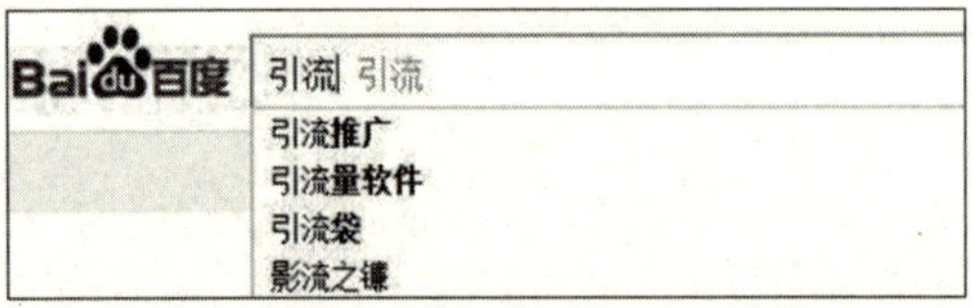

图 6-1　百度搜索下拉框的关键词

百度下拉框算法很简单，即系统记录关键词的每天搜索量，同时记录相关词的搜索量，并将结果保存，再按顺序展现在下拉框中。一定周期内，搜索量越大的词，下拉框中的排名越靠前。使用这个算法，可以有效引流截流。

1. 软件点击

使用市场上现有的软件，如互点宝、推百拉软件等，在其平台注册之后，和所有粉丝集中起来形成数量庞大的点击团队。当某个粉丝在软件中设置了某长尾关键词后，软件系统就会调用其他所有粉丝的电脑程序，对长尾关键词进行搜索。当搜索量达到一定数量和维持一定时间后，百度下拉框就能推送该长尾关键词。

2. 人工点击

组织员工或邀请朋友，在一段时间内维持每天的搜索量和点击量。

如果你拥有自己的网站，可以在网站页面设计弹窗，将关键词的百度搜索结果链接地址应用到弹窗中。当访问者打开正常的页面之后，自动弹出的即为百度搜索结果，相当于自动搜索该关键词。

没有自己的网站，你可以直接与一些访问量不错的站长合作，只需要花较少的成本，就能带来每天几百个 IP 弹窗点击量，从而间接提高关键词在百度搜索下拉框的排名。

最后，我以微商为例，推荐一下关键词布局方式，供参考。关键词布局，一定要有主关键词和长尾关键词。

- 主关键词：微商。
- 长尾关键词：微商怎么赚钱。

你在布局关键词的时候，如果不知道怎么选择关键词，也可以去一些网站挖掘。挖掘关键词的平台可以参考以下这几个：

- 百度指数；
- 熊猫关键词工具；
- 热度排行榜；
- 淘宝指数；
- 金花站长工具。

6.2 百度知道引流

6.2.1 百度知道的提问与回答

百度知道是一个问答平台，与众多粉丝的生活、工作、学习息息相关，在该平台提问和回答，能够很好地引流。

（1）**准备账号，提前注册百度账号，或者直接购买。**无论何种方式，最好能提前一周获取账号。

（2）**下载具有自动删除 Cookies 功能的浏览器（如无痕浏览器），并选择宽带拨号或者 IP 工具，其主要目的在于避免账号被封。**

（3）**选择和营销内容有关的关键词，并参考百度指数、百度一下等统计**

主要关键词，设置细分的长尾关键词。

（4）**进行提问**。提问账号应选择历史较长的，并注意对提问适当补充，问题内容应详细，体现出需求的真实感，如图 6-2 所示。

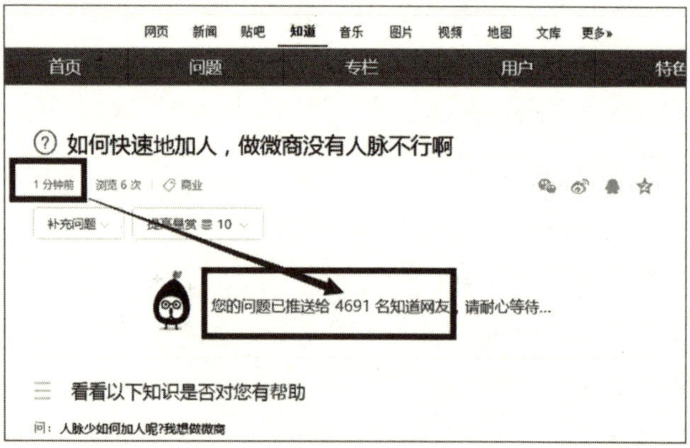

图 6-2 百度知道的提问

（5）**进行回答**。提问之后的等待时间不应过长，否则同类关键词可能被其他问题抢占。在采纳的回答内容中，最好有详细介绍的文字、图片和说明，可以加上网站链接，但不应过多，如图 6-3 所示。

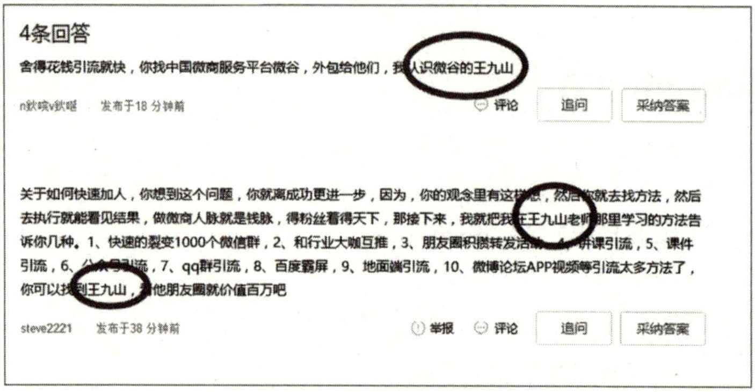

图 6-3 百度知道的回答

6.2.2 百度知道如何留下联系方式

百度为了维护粉丝的权益，不允许粉丝随便在平台上留联系电话、网址、微信号等，如果不懂这些规则，很可能会被删帖或者封号，那么我们怎么留下联系方式呢?

1. 昵称引流

昵称引流是最简单、最直接的，名称可以是自己的手机号或 QQ 号，只要注册的时候能通过就可以，如我有一个百度账号的昵称就是这样的，如图 6-4 所示。

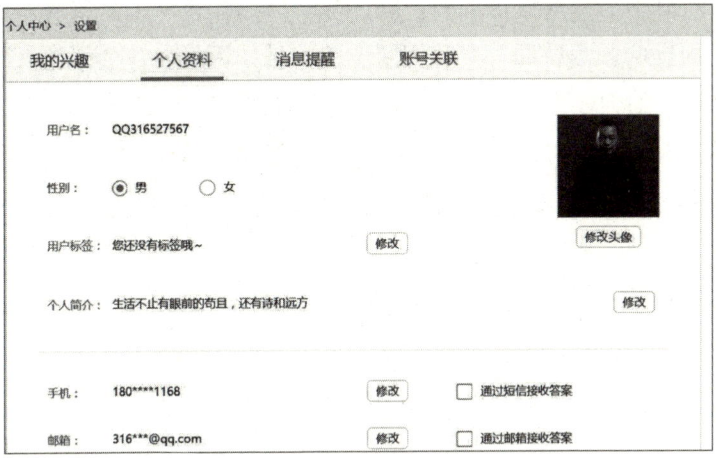

图 6-4 我的百度账号

2. 头像引流

我们可以在头像中加水印，用 PS 软件或截图功能在一张图片中写上自己的 QQ 号或微信，然后在回答的时候，引导别人查看你的头像。不过，随着各个平台的竞争加剧，有时候头像或内容中的图片等水印也会被识别，这样的引流措施也越来越不被推荐。

6.2.3 百度知道排名和收录的几个建议

你要用好百度知道引流，就必须懂得百度处理这些数据的规则。我研究百度知道多年，给大家提供几个建议，可以避免走弯路。

（1）要注册多个账号、每个账号提问不要多于两次 / 天。

（2）及时清掉浏览器的 Cookies。

（3）使用百度知道手机端进行回答，可降低被删的概率。

（4）广告植入尽量用产品名，切勿出现微信、QQ、官网等词汇。

（5）回答一定要原创，不要大量复制，要有价值、有内涵。

（6）不要有违规、违法的言论。

（7）内容要和主题相关，关键词不可大量堆积。

6.2.4 如何快速找到感兴趣的最新提问进行引流

百度知道的粉丝数量很庞大，除了我们自己在百度上做营销，还有很多粉丝在上面提问，等待回答。我们要做的就是尽可能在多个问答上留下自己的身影，那么如何在别人提问时能第一时间看到并回答呢？

下面就通过设置感兴趣的关键词提高营销效率。如图 6-5 所示，在百度知道中设置个人账号的兴趣，可以挑一些与自己的行业密切相关的关键词。

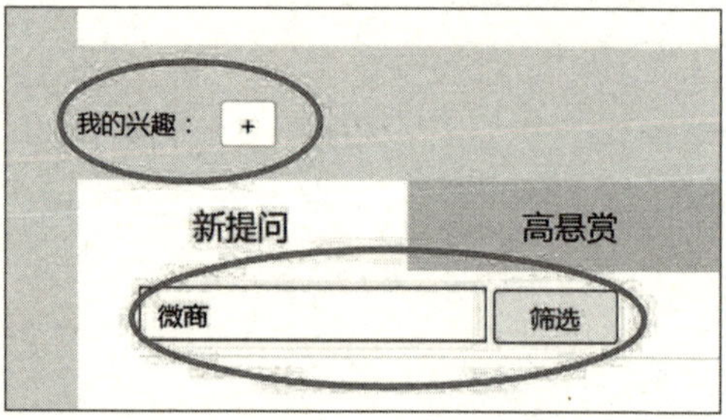

图 6-5 设置“我的兴趣”（1）

然后，经过筛选，就会出现一系列的问题，对这些问题我们进一步精准筛选，如图 6-6 所示，从而让“我的兴趣”在推荐问题的时候也更精准。

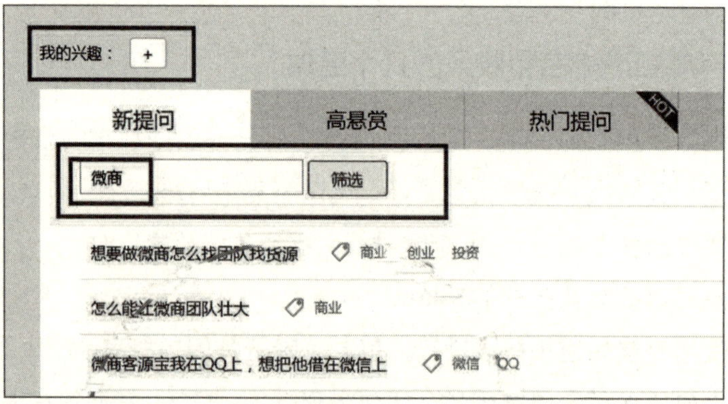

图 6-6 设置“我的兴趣”（2）

6.3 百度贴吧引流

百度贴吧历经十余年沉淀，拥有10亿名注册粉丝，810多万个贴吧，日均话题总量近亿，浏览量超过20亿次。这里的潜在粉丝很精准，因为我们发布的内容不仅在贴吧展现，而且在百度搜索里也会被其他粉丝搜到。具体怎么做呢?

（1）**找到与你相关的贴吧**。这个不难，搜索即可找到。找到后，关注该贴吧。

（2）**每天在贴吧签到，提高自己在贴吧的等级。**

（3）**评论引流**。我们可以找到排在最前面的新帖子，然后评论。评论时要以第三者的口吻推荐，吸引别人加你的QQ号。如果该帖子的评论量太大，建议回复排在第二、第三位置的评论，尽量提高自己的曝光率。

（4）**昵称可以设置为QQ号**。如果有需求的人看到你的评论，一定会加你QQ。

当然，为了能有更多的权限，我们也可以申请成为百度贴吧吧主。申请成为百度贴吧吧主的步骤如下。

（1）**手机端签到10天。**

（2）**手机端发10个贴吧主题，并在每个主题帖回复5次。**

（3）**在电脑端登录百度账号，进入贴吧，点击右下角的“申请小吧主”按钮。**

（4）**申请时需要填写自己的真实信息，包含姓名、身份证号、QQ号、手机号，最后写申请感言，要真诚地站在贴吧吧主的角度写感言。**

（5）**吧主有30天考核期，发帖天数不少于5天，且发帖总数达到30条就可以转正了。**

成为吧主，你就可以有更多权限发一些引流信息。

6.4 百度经验引流

百度经验是手册性质的版块，在百度经验中，我们能够学到落地的方法。

如果我们要使用百度经验引流，就必须能给粉丝提供干货。

百度经验适合做一些长尾关键词，如“如何 ××”“怎样 ××”等方法性的内容。在配图的时候植入微信号，就可以达到引流的效果。

百度经验因为是百度旗下产品，所以和百度知道一样，在百度搜索上具有很高的权重，但如果你想更好地引流，需要遵守以下原则。

（1）**给文章取一个好名字**。标题关键词选得好，你的百度引流就成功了一大半。

（2）**分好类别**。选好标题以后，紧接着就是将文章分类，如图 6-7 所示，分类精准，更容易被粉丝找到，也避免被管理员删掉。

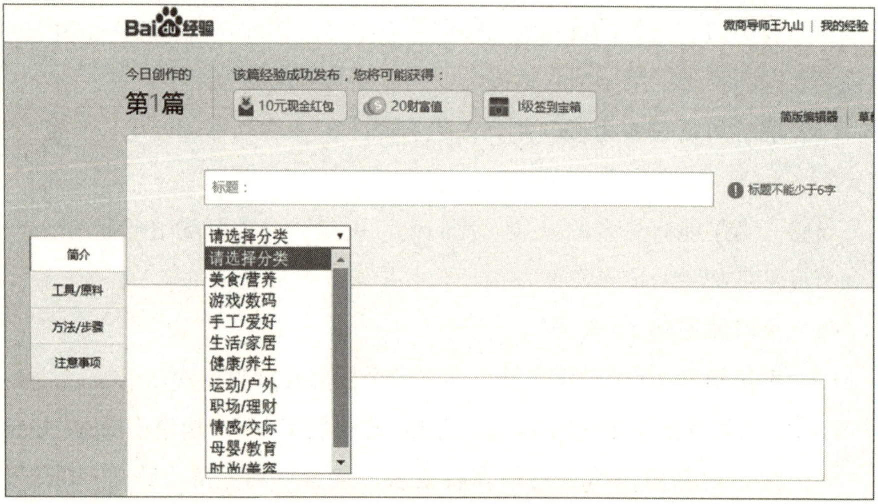

图 6-7　选好文章分类

（3）**做到图文并茂**。百度经验一般采用图文并茂的方式，以给粉丝带来更好的阅读体验。所以，我们在发布内容时，可以尽可能地找一些与内文相结合的产品图片，从而达到“软广告”的目的。不过，百度经验拒绝一切有水印的图片，所以在上传产品图片时，一定要用一些没有水印的图片。

（4）**巧妙使用工具栏**。在编辑百度经验时，其左侧边栏会有一个窗口一直跟随，直接点击相应的按钮就会跳转到相应模块，这个小技巧在我们编辑内容时很有帮助。

（5）**昵称引流**。百度平台的账号是互通的，如果已经设置了百度知道的账号，同样的名称就会出现在百度经验账号上。

（6）**外链添加技巧**。百度经验和百度百科一样，具有参考资料的栏目，这里就是添加外链的地方，我们可以巧妙地使用。

6.5 百度文库引流

通过长尾关键词的优化，微商能够获得更多意向度高的潜在消费群体，使用百度文库优化相关长尾关键词，也能产生引流效果。

百度文库属于在线互动式文档存储分享平台，该平台上有达到千万量级的粉丝分享文档，宣传价值很大。

1. 设置文库标题

不妨找专门做百度文库的团队或个人，在其文库中分享和产品有关的文章。例如："养生食品注意事项""财务软件产品使用注意事项"等，都能上传到百度文库。

类似文库的标题设置，最好应包含想要推广的企业产品或服务的长尾词，这样就能通过提升文库排名的方式吸引不少流量。某财务软件的百度文库标题，如图 6-8 所示。

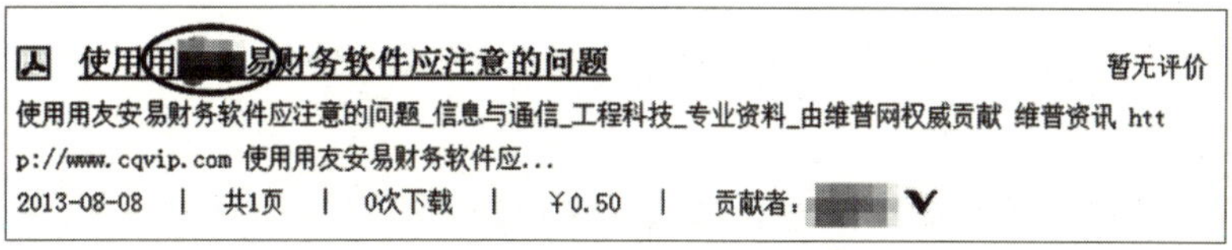

图 6-8 百度文库标题的设置技巧

此外，还要注意下面的细节。

（1）**标题不要有广告意味**。最好选择比较含蓄的文档标题，如"加入××技巧大全""购买××需要注意的事项"。

（2）**标题不要和已有的文档标题重复**。否则难以被准确搜索，如图 6-9 所示。

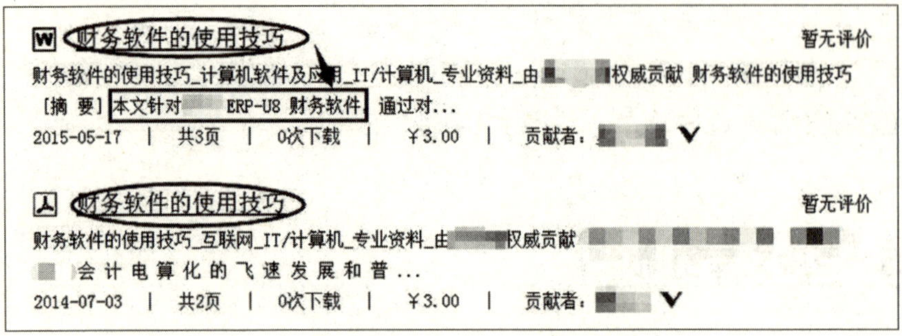

图 6-9 标题重复的文档很难被准确搜索

2. 文库内容

要想让百度文库迅速收录企业的文案，并提升到较高的排名，徽商必须着力提升文章内容的质量。

（1）**最好撰写或整理一些原创度较高的软文内容**。在百度文库中，以职场或生活内容为主题的文档最受粉丝欢迎，其次是网络推广方面的文档。通过博众家之长，再引入关键词，打造不错的营销推广。

（2）**在软文中发布一些外链**。这样可以提高链接的权重，但注意不要添加过多链接。

（3）**文档排版应美观**。首段空两个字符，段落间距为 1.5 倍，字体为黑体或宋体。

（4）**文档字数要充足**。应该不少于 1500 字，不少于 2 页。这样能够让粉丝感到阐述全面、具体，有所帮助，从而继续阅读并给予评价。不过也不要超过 10 页。

（5）**做到图文搭配，让粉丝阅读起来比较轻松**。

（6）**文档格式以 PDF 为佳**。不要在文档中插入联系方式，如电话号码、微信号、QQ 号等。

3. 注意事项

粉丝习惯在文库分类中搜索来寻找文档，因此在选择分类时要做到准确对应，从而提高文档审核通过的概率。

可以使用百度允许声明版权的特点，在声明中加入作者姓名、公司姓名或网站网址。不过在添加版权时，不要用加粗、颜色等方式强调。

百度文库的文档排名受到粉丝评价、下载量的直接影响：评价越好、下载越多的文档，排名越靠前。因此，文档排名可以通过用多个小号给予文档好评，或通过切换 IP、清理 Cookies、加入百度文库互助群等方式，进行免费提升。

聘用有经验和有资源的操作团队负责发布信息，效率会大大高于企业团队。如果企业团队自己操作，则需尽量提高账号等级：账号等级越高，文档通过率就越高。

6.6 百度百科引流

百度百科是百度推出的内容开放、自由的网络百科全书。其最常见的引流方式是设置经常被搜索的关键词，并对该关键词进行描述、解释和介绍，最后留下链接或网站名称。

具体需要注意的原则如下。

要有高等级的百科账号，这样建立或编辑百科词条才会得到高度认可并获取高通过率，一般推荐用满级号为 15 级的账号进行操作；将想要发布的信息放在此条的段首位置，这样百度搜索页面就能够直接显示引流内容。

6.7 百度网盘引流

百度网盘属于百度云的重点服务项目，是百度力推的云存贮服务。通过网盘，粉丝能够将自己的文件轻松上传，并可以跨终端随时查看和分享。

1. 热门资源引流

打开百度网盘首页，右上角会呈现“热门资源”字样。点击“热门资源”，并在其中“赞”和“评论”数量较多的资源后发表“评论”，将引流所使用的关键词插入这些“评论”，起到相应作用。

2. 网盘引流

（1）建立网盘，上传有价值的资源。如最新影视资源、高清音乐、高清图片等。

（2）设置密码，在产品推广对应的目标消费群体集中地（包括论坛、贴吧、微信群、QQ 群）发布。

（3）通过话术和资源展示，吸引希望下载的粉丝，以分享网盘密码的方式，获得粉丝的联系方式（邮箱、微信号等）。

第 7 章
自媒体平台如何引流

7.1 自媒体引流的 11 条建议

自媒体是一个很好的宣传平台，我们不仅可以依靠自媒体平台宣传产品，还可以通过自媒体平台打造个人品牌，一举两得。

随着自媒体时代的发展，越来越多的自媒体平台应运而生，我们可以根据实际情况选择一些平台深耕。我一般会推荐以下平台。

- 微信公众号；
- 今日头条；
- 百家号；
- 搜狐自媒体；
- 企鹅自媒体；
- 一点号；
- 大鱼号；
- 网易；
- 凤凰自媒体；
- QQ 公众平台。

选择了自媒体平台，接下来就是申请账号，具体申请流程不再赘述，不过我们需要注意各个平台申请账号的先后顺序。一般来说，先后顺序如图 7-1 所示。

微信公众号的申请相对容易，你先申请一个微信公众号，然后在公众号上发表文章。过段时间，你再以微信公众号为辅助申请今日头条的头条号，就会容易得多。

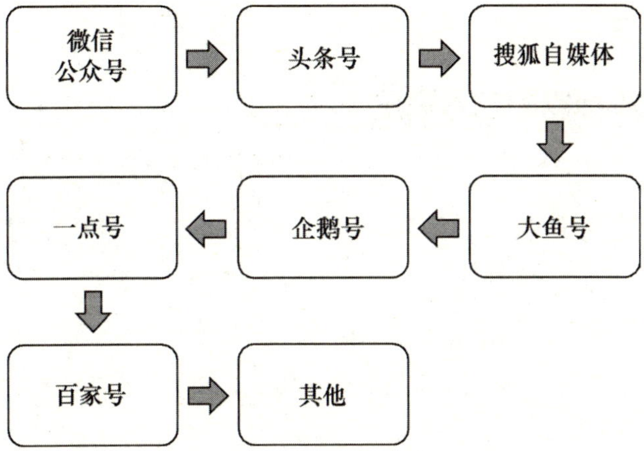

图 7-1　自媒体平台的申请先后顺序

了解了这个细节，我们来说说自媒体引流的 11 条建议。

（1）要有属于自己的个性标签，打造个人 IP。没有自己的 IP，流量很难留住。

（2）注册账号要注意，不要注册通过后就开始发广告，等运营一段时间、过了新手期再操作。

（3）要坚持发原创内容，抄袭的内容会遭到平台封杀。

（4）即使做广告，也要以软文的形式呈现。

（5）分享专业知识，把自己打造成一个专家。

（6）提供价值，是获得信任最好的方式。

（7）标题要抢眼，但不能做“标题党”。

（8）善于布局关键词。

（9）一篇文章中，建议插入 2 ~ 3 张图。

（10）文章中切记不要出现违禁词。

（11）建议发布时间：每晚 19:00 是阅读黄金期，随后的 21:00 ~ 22:00 是每天的阅读高峰期，所以每晚 19:00 左右是发布文章的绝佳时期，特殊情况除外。

7.2 自媒体标题的创意写法

文章的标题是最吸引人的要素之一，所以在做自媒体的过程中，一定要重视标题的拟定。不过也不能沦为“标题党”，“标题党”是平台和粉丝都不喜欢的。那如何才能拟定好的标题呢？我推荐 50 个标题模板，如果实在不知道怎么拟定好的标题，可以套用这些模板，在套用的过程中，也可以变化，以更好地吸引粉丝。

1. 获得 ____ 最优惠价的秘密
2. 获得更便宜的 ____ 全攻略
3. 方便 ____ 的十个方法
4. ____ 块钱以下最好的 ____
5. 不同寻常但可以实现的 ____
6. 在不增加 ____ 的情况下推广你 ____ 的 5 个方法
7. 进行 ____ 预算的 ____ 种方法
8. ____ 种大胆并具有创意的 ____ 点子
9. 现在你可以免费 ____
10. 名利双收的 ____ 生活方式
11. 现在你可以花费较少的努力获得更多更好的 ____
12. 可以使你 ____ 得比预期要好的 9 种方法
13. 如何在 10 秒钟之内 ____
14. 21 种 ____ 交流技巧
15. 这是 ____ 真正需要的
16. 你是 / 可以 ____ 的 7 种迹象
17. ____ 年的 ____ 将如何影响 ____
18. ____ 的过去和现在
19. 关于未来 ____ 的 40 个预测

20. 来自历史的 ____ 教训（数目或者形容词）
21. 如何克服对 ____ 的恐惧
22. 10 种 ____ 诈骗以及如何避免它们
23. 你的 ____ 有多安全
24. 7 个最令人害怕的 ____
25. 最吓人的 10 个 ____
26. 蛮横的 ____ 以及它们如何影响你
27. 永远摆脱你的 ____
28. 你的 ____ 可以成为 ____ 吗
29. 你的 ____ 并没有告诉你 ____
30. 提防 ____ 以及如何识别它们
31. 把 ____ 搞砸的 21 种方法
32. 不 ____ 的 10 个理由
33. ____ 永远不该做的 7 件事
34. ____ 专家不想你知道的 21 个秘密
35. 101 个最流行的 ____ 奥秘
36. 10 个你应该知道的 ____ 事实
37. 很少人知道的 ____ 方法
38. 你需要知道的关于 ____ 的事
39. 告诉我们的 ____10 个谎言
40. 没有告诉 ____ 的 101 件事
41. 什么时候比较适合 ____ 或者 ____
42. 一个 ____ 的快速方法
43. 如何成为一个 ____
44. 10 步 ____ 像一个专家
45. 世界上最便宜 / 最好 / 最贵的 10____
46. 世界上最好和最坏的 10____
47. ____ 比 ____ 要好的 5 个理由
48. 影视界关于 ____ 最 ____ 的 20 个剪辑

49. 21 个最滑稽的 ____

50. 世界上最糟糕的 ____ 建议

7.3 自媒体软文写作策略

软文是引流营销中历史最为悠久的工具之一，“软”的特性决定了其无论在何种平台、渠道，都有着充分发挥价值的空间。熟悉软文写作特点并懂得结合不同渠道，能帮助我们顺利引流。

1. 排版习惯

不同渠道有不同的排版特点，如微信公众号软文的段首不需要任何缩进，每段之间要有空行，并且微信公众号可以通过第三方软件优化排版。头条号、百家号等平台只能按照平台的规则排版。

2. 标题

好的软文标题能够第一时间吸引粉丝注意，概括软文内容、引发阅读冲动。具体的内容可参考上面提到的模板。

3. 故事性强

软文有灵活的体裁形式，近年来的引流实践表明，故事性越强的软文，越容易产生强大的吸引力。那么如何写好软文中的故事呢？

（1）采用新闻特写方式。某电商招商引流软文就使用新闻报道的方式，用《90 后大学生微商创业，白手起家到月入十万元》这篇报道讲述了旗下某加盟商的创业经历，并带来了很好的粉丝反馈。

（2）选择贴近粉丝生活圈和社交圈的人物、情节。淘宝某中老年女装店的一篇软文讲述了：“我”作为城市白领女性，和农村来的婆婆存在生活习惯上的差异，难以有效沟通，为了弥补两人之间的误会，“我”购买了一件时尚、端庄、大气的老年女装送给婆婆，家庭也因此变得更加和谐。

（3）让故事更具有娱乐性。软文引流对象集中在年轻群体，可以通过精心设计，让软文故事情节更紧凑、快节奏、巧合化。

除了这些，自媒体软文在关键词布局、内容选择、新闻热点追踪上都要有相应的关注。

附 自媒体平台推荐

做自媒体，不建议只做一个平台，可以尝试做3～5个，以一个为主，其他自媒体做配合。我建议把微信公众号、今日头条、百度号、搜狐自媒体作为主要阵地，其他平台慢慢扩充为辅助平台。自媒体平台有很多，有的平台可以长时间运营。

我整理出一些自媒体平台推荐给大家，可选择与自己相关的平台注册、运营。

（排名不分先后）

1. 微信公众号。
2. 今日头条。
3. 百家号。
4. 搜狐自媒体。
5. 企鹅自媒体。
6. 一点号。
7. 大鱼号。
8. 网易。
9. 凤凰自媒体。
10. QQ公众平台。
11. 北京时间。
12. 易信公众平台。
13. 简书（粉丝群以90后年轻群体为主，门槛较低，适合写作新手）。
14. 知乎。
15. 艾瑞专栏。
16. 品途网。
17. 亿欧网。
18. 派代专栏。
19. A5专栏。
20. 新浪看点。
21. 卢松松博客：关注“草根”创业者和站长的媒体博客。流量很大，可以投稿，还有机会在各大媒体平台上发布。
22. 思达派：专注于创业者服务的新媒体平台，定位为“创业干货分享”。
23. 创业邦：致力于帮助创业者实现创业梦想，推动各领域的高成长企业快速发展，是国内首家TMT公司人社群媒体。

24. 虎嗅网：一个有视角的、个性化商业资讯与交流平台，核心关注对象是包括公众公司与创业型企业在内的一系列明星公司。
25. 锌媒体：一个关注前沿科技资讯、移动互联网、发现商业创新价值的泛科技自媒体平台。
26. 砍柴网：一个专注科技观的科技媒体。
27. 速途网：老牌科技新媒体，首创自组织发布系统（注册需要邀请）。
28. 黑马网：面向创业者的创新型综合服务平台，掌握创业创新领域强有力的话语权的新媒体，致力于帮助创业者获得投资、人才、宣传和经验。
29. 雷锋网：一直为粉丝提供关于移动互联网、硬件创业以及软硬件结合开发的第一手资讯与行业深度解读。
30. 猎云网：聚焦互联网创业创新的互动交流博客，关注新产品新模式，以原创独家报道、分析，以及来自美国硅谷的一手报道闻名业界。
31. 新芽专栏。
32. 站长专栏。
33. 亿邦动力专栏。
34. 价值中国专栏。
35. 阿里巴巴专栏。
36. 财富中文网专栏。
37. 天涯博客。
38. 界面。
39. 微媒体。
40. 鲜果网。
41. 蓝鲸 TMT。
42. 米聊订阅发布平台。
43. 来往公众平台。
44. 中国移动公众平台。
45. Wi-Fi 万能钥匙。
46. 众媒。
47. 淘宝达人。
48. 京东号。
49. 东方号。
50. 趣头条。
51. 触电新闻。

52. 美柚。

53. 牙牙关注。

54. 热问。

55. 36 氪。

56. 网易云阅读开放平台。

57. 飞信公众平台。

58. 易车自媒体。

59. 说客。

60. 南都自媒体。

61. 看荐自媒体。

62. 硅谷动力。

63. 宝宝树。

64. 蜜芽。

65. 贝贝网。

66. 中金在线。

67. 视频媒体平台：爱奇艺、土豆、优酷、腾讯、酷 6、搜狐、火山、美拍、微博、360、搜狐、凤凰视频、激动网、Google 视频、新浪宽频、中国网络电视台、爱布谷、第一视频、迈视网、琥珀网、新华网视频等。

第 8 章
如何用论坛持久引流

8.1 论坛选择

使用手机论坛引流，重点在于选择和产品联系紧密、活跃度高的论坛，更好地提升引流效果。

下面是选择论坛时需要需关注的要素。

1. 论坛的主题与某一类别的产品紧密相关。例如：智能手机电商应该选择在手机论坛进行引流，如果在时尚用品论坛引流则效果不明显。

2. 论坛使用者和粉丝人群高度重叠。例如：电商产品主要面向婴幼儿的话，则应该选择年轻母亲为主要使用人群的论坛；面对不同学生的产品，要根据学生的年龄、兴趣爱好、学习需求、娱乐需要等进行区分，选择高校学生、高中学生等分别集中的论坛。

3. 地域精准的论坛。例如：某电商针对 S 市进行营销，首先要进入该市的市民论坛进行引流。

8.2 了解规则并注册

在选择了目标移动论坛之后，不要急于发文或开展互动，而是要充分观察，以便能够积极适应论坛。

1. 了解论坛和粉丝特点

分析论坛中哪些版块火爆、所设置的不同版块有哪些主题特色、不同版块的粉丝特点、不同版块粉丝喜欢的内容、不同版块适合发放的引流内容等。

2. 阅读重点版块的原有文章

有选择地阅读那些高点击率、高回复率的帖子，找到版块管理员能接受的营销尺度，寻找引流营销中存在的漏洞。

例如某地方论坛对引流内容一律封杀，但一家提供快递送餐服务的电商营销团队在阅读原有文章后发现，可以通过社区交友组织线下活动，于是以“美食爱好同盟”的名义在论坛上进行联系，将之引入 QQ 群，进行深化引流，取得了很好的效果。

3. 了解营销版块

不少移动论坛为了维持生存和谋求发展，设有专门的营销版块，可以观察其中是否有帖子直接展示了电商店面的外部链接。如果有，就要分析其本身的产品网站链接，是否也能通过展示该版块来引流。

了解了具体的规则之后，我们需要做的就是注册账号。

移动设备访问论坛和传统电脑访问论坛一样，也会因为账号名称、IP 地址等留下痕迹。在同一个论坛引流时，有必要提前注册数量较多的账户。

在注册账户或修改名称时，我们应该坚持下面这些原则。

原则一，尽量使用中文注册账户名称。

中文名称不仅要有具体含义，还应具备一定的特色，除非产品需要，否则不要使用英文名字，容易混淆。另外，如果使用没有意义的中文名字，也会因为缺少内容上的逻辑而缺乏吸引力。

原则二，及时更新账户资料。账户的资料越充实，粉丝就越容易对产品的引流产生好感。

- 头像设置的重点在于亲和，可以用真人头像。
- 不要忘记填写联系方式、个性化签名等。

原则三，在注册移动论坛的账号后，要多回帖和正常发帖。

- 重点挑选资深会员的帖子进行回复，扩大账号的影响力。
- 挑选和产品接近，但不表现营销意图的内容进行发表。例如：做音响设备的营销号，一开始发布的内容是对歌手的点评、音乐流派知识的介绍，逐渐被论坛粉丝熟悉之后，再开始引流。

你要通过站内短信和老会员、论坛版主拉近距离，形成情感基础。这样再发帖子时，你就能获得来自朋友的“友情流量”。要让论坛中的绝大多数人知道，你是真正的普通粉丝。

8.3 论坛发帖与回帖引流技巧

在移动论坛发帖与回帖，需要注意在内容设计上下功夫。

1. 奇

内容新奇有趣的帖子，在论坛中经常能受到不同人的关注。为了吸引粉丝，我们可以在引流帖子中重点介绍奇特的事情，或揭露粉丝没有想到的内容。

“奇”的特点，必须在帖子开头重点展示。例如：某国产皮具的论坛帖子主题是“惊爆内幕，国际大牌皮包其实在中国乡镇企业生产”，开头就用“我的一位朋友在银行工作，上次他去一家乡镇企业办理业务，结果发现……”，随后娓娓道来新奇的见闻，吸引粉丝看完帖子，并进行跟帖。

2. 借

借用发帖论坛讨论当下最热的主题，增强粉丝的参与感，并增加他们的点击量。在一个户外游爱好者论坛中，粉丝集中讨论国庆假期去哪里游玩，该主题的帖子点击率较高。某电商营销号在回复帖中展示了“国庆节，其实我不想出去旅游，我想找个人一起看电影”的内容，就是为其票务业务引流而策划推出的。

3. 分

人们上论坛的乐趣主要在于交流和分享，尤其是作为普通粉丝出现的账号，主动分享自己收藏和重视的产品、信息，更容易被人们关注。

在论坛中，可以在帖子内加入“多年潜水，发一个珍藏已久的网店”“初来论坛，送上靠谱的店铺地址”等内容，并附上链接，引流就可以分享的形式开始了。

在论坛中发布引流内容，可以使用下列常见技巧。

第一种，回复可见。即先在主帖中发布一小段文字，足以给予粉丝阅读的良好体验，随后再设置“回复可见”。在回复可见的内容中，包含引流的营销内容。例如：某电商组织家电节活动，在论坛上发帖，开头的文字表示如何期待近期好莱坞电影上映，随后设置了回复可见，邀请论坛上的粉丝回复后下载种子。实际上，粉丝回复之后，不仅能够下载种子，还能看到家电节的引流文字，引导他们了解最新的家庭影院设备的价格和质量。

第二种，问答形式。采取求助方式，在主帖中抛出问题，并请求获得回答。

第三种，移花接木。同样的产品与服务，在某个论坛取得良好的引流效果后，对文字的首末段进行简单修改，或者只是改掉标题，再更换到其他论坛中发布，也能达到类似引流的效果。

第四种，先发后改。最初发表的帖子不要含有任何引流的关键词，也不要表露营销意图，如果帖子本身的内容有充分的知识性、趣味性，或提出了引发大量回复讨论的话题，那么版主就必须对之长期保存。等帖子浏览量上升之后，再对内容进行修改，加入能够吸引流量的关键词、链接地址或产品介绍等。

第五种，借用热帖。选择对论坛中人气高、主题内容热门，但和本身产品无关的热帖加以回复。回复内容要和主帖有明确的关系，但在适当的地方要加入引流内容。

8.4 论坛资源分享引流

论坛不仅是内容交互的平台，还是资源分享的平台。在论坛中，你可以分享各种资源，供其他用户下载和使用，这也是论坛引流的重要方法。如果你想用资源分享引流，那么你需要在初期就寻找高人气的资源分享论坛。

1. 获得积分权限

大部分论坛有积分系统，用户发帖、回帖都可以获得一定的积分。分享资源则是获取积分最快捷的方法。你的资源每被下载一次，你就可以获得一定的积分奖励；如果你的资源是“收费下载”，那么你能够获得的积分会更多。

为什么要获得积分呢？因为在论坛中，每个用户的权限都有所区别，甚至一个论坛中的某些版块也需要权限才能进入，有时候即使拥有进入该版块的权限，便你想要在其中发帖、回帖还需要更高一级的权限，如图 8-1 所示。而权限的升级，就在于积分的获取。

	我的主用户组 - 幼儿园
	积分: 12
用户级别	✩
访问论坛	✔
阅读权限	10
隐身	✘
使用搜索	允许搜索帖子内容
自定义头衔	✔
发帖不受限制	✘
允许发短消息	✔
允许加好友	✘
查看统计数据报表	✘
允许使用应用	✘
帖子相关	幼儿园
发新话题	✔
发表回复	✔
发起投票	✘
参与投票	✔
发表悬赏	✘
发表活动	✘
发表辩论	✘
发表交易	✔
允许 @ 的人数	0

图 8-1　论坛中的不同用户权限

这些设置权限的功能，对我们而言，就如其他平台上的企业增值服务一样，能够为我们带来更加明显的营销效果。在某些论坛中，如果不能积累一定的积分，我们的论坛营销策略甚至没有实行的可能。

2. 资源分享策略

（1）分享优质资源。要想依靠分享资源获取大量的积分，首先你要保证你的资源足够优质，对用户具有足够的诱惑力。此时，你的资源分享无须局限于你的营销目的，而要结合论坛主题，发布论坛用户可能感兴趣的资源。

在分享资源时，你可以直接上传如图片、文档、App 等资源到论坛中，但如果是音频、视频或较大的图片，你就需要上传至网盘，让用户到网盘中下载。一方面，你在论坛上传大文件较为麻烦；另一方面，在移动端，用户也可能无法随时随地下载大文件。

（2）**设置回复可见**。优质的资源能够吸引更多的用户，但如果用户只下载、不互动，你的帖子也可能迅速下沉。因此，为了保证资源持续被分享，你需要借助论坛的“回复可见”功能，如图 8-2 所示，让用户在回复之后，才能看到资源的下载链接。

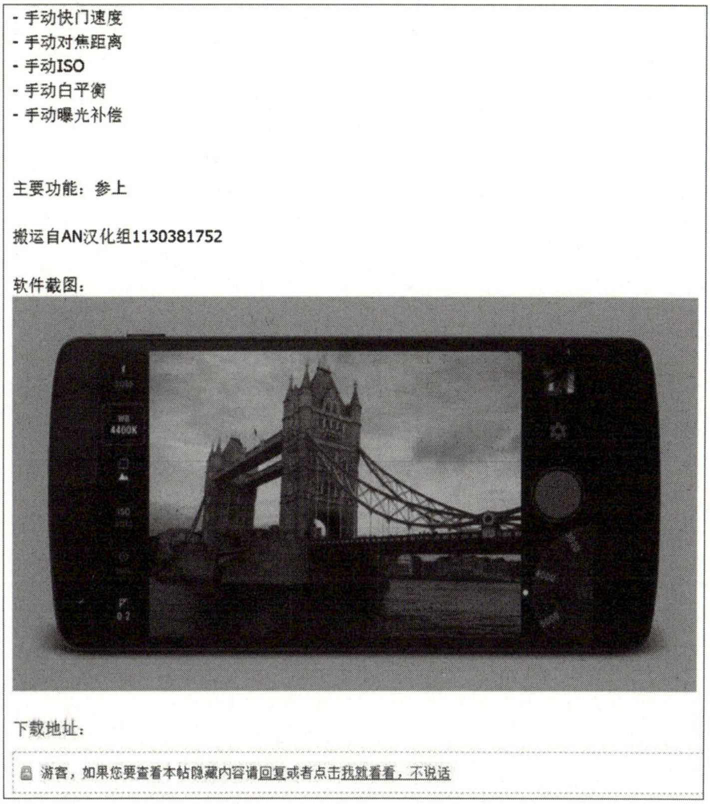

图 8-2 论坛设置回复可见

（3）**分享“收费”资源**。如果分享的资源价值较高，你需要设置一定的“价格”，提供“收费下载”服务。这里的“收费”，当然不是收取现金，而是收取论坛积分。如此一来，你也能更快地获取更多的积分。当然，只有当你的资源真的有足够的价值时，你才能考虑“收费”，否则可能引起反作用。

3. 资源分享引流营销

在积累积分以获取“增值服务”的同时，分享资源本身同样是一种有效的引流营销手段。

（1）**分享自有 App**。你可以直接以第三方的角色，发布你的 App 介绍帖，把你的 App 介绍给论坛中的用户，并将之分享出去。

（2）**融入营销信息**。云盘是分享论坛资源的重要工具，而在使用云盘分享资源的同时，你也可以使用云盘营销的相关策略。正如前文提到的百度网盘营销一样，在论坛营销中，你不一定非得使用百度网盘，但可以借鉴其引流策略，借机推广自身的信息。

第 9 章

其他网站引流技巧

9.1 招聘网站引流技巧

招聘，是各类分类信息网的热门版块，无论 58 同城还是赶集网，受关注最高的几个版块都是招聘、应聘、兼职工作等。

以 58 同城为例，通过注册用户名登录网站后，我们就可以点击网站右上方的“免费发布信息”按钮，如图 9-1 所示，进入发布页面。

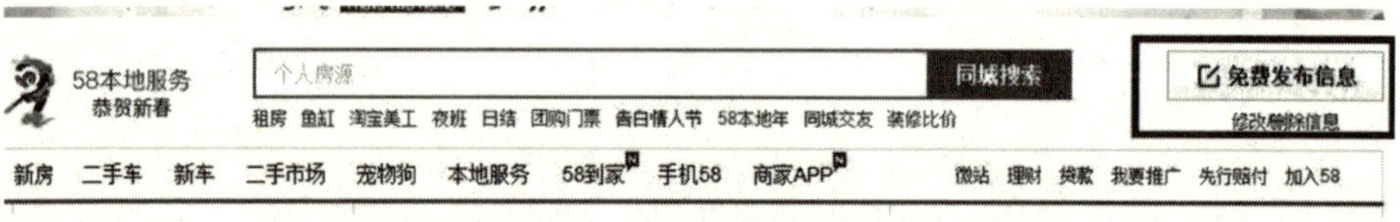

图 9-1 58 同城信息发布按钮

选择好分类“招聘”，点击下一步，这时候我们就可以填写相应的招聘信息，其中最关键的一点就是标题突出长尾关键词。**所谓长尾关键词，是指网站上非目标关键词，但也可以带来搜索流量的关键词。**长尾关键词的特征是比较长，往往由 2 ~ 3 个词组成，甚至是短语，存在于内容页面，除了内容页的标题，还存在于内容中。

例如：我们涉及微商化妆品，那么长尾关键词就有“微商”“朋友圈”“面膜”等。为了更好地让我们的这篇招聘信息被搜索引擎捕捉，标题即可为“朋友圈招聘业务员！化妆品代理启动中！小小面膜一起创富！”

同时，正文中也应当注意长尾关键词的填写。将标题进一步说明，如“急需兼职业务员！我们的业务是在朋友圈进行。我们会进行前期培训，只要认真听讲，就可以获得提成！喜欢化妆品的你，渴望创造财富的你，不容错过！”

发布之后，就会有粉丝看到我们的信息。当他们通过账号联系到我们并进一步沟通时，我们就有了一批兼职销售员。慢慢地，我们还可以将其发展为代理商，进一步增强引流效果。

9.2 二手转让网站引流技巧

二手转让，同样也是各类分类信息网站的热门版块，登录网站会看到：我们能想到的所有产品，都会有人进行二手转让和求购。那么，如何通过二手转让等版块，进行移动电商引流呢？这就需要过硬的沟通技巧。

在正式沟通之前，先想想自己的移动电商领域是什么。例如：我们一涉及女士护肤品，那么立刻可以想到美容健康的相关产品，是目标粉丝的关注重点。所以，我们可以进入“美容保健”的子版块进行沟通。

进入之后，我们就可以发送帖子，将我们经营的化妆品品牌写下来，并且以较低的价格发布。一旦粉丝有兴趣，就会通过电话与我们沟通，沟通中可以给对方说明：互相添加微信好友，还有更多的产品可以选择。这样就能顺利实现引流。

9.3 图片网站引流技巧

图片类网站，同样可以起到引流的作用。因为图片同样具有关键词的属性，尽管我们看图片时不一定能直接发现，但在后台，它们其实已经被设置了相应的关键词，因此搜索时就会被捕捉。权重较高的图片类网站，如昵图网、千图网、蜂鸟网、花瓣网、美图网等都是进行图片引流的重点方向。

具体如何操作呢？

1. 昵称设置

图片类网站的模式有很多，如昵图网、千图网是以列表展示为主；而蜂鸟网等则以论坛形式为主。但无论哪种模式，它们都和博客一样，每个人都有一个独立 ID，即个性昵称。

做好自己的昵称设置，让昵称具备引流特质，如“微信 ×××××××”，这是所有网站都必须注意的细节，图片网站也是如此。一旦我们可以经常发布一些有价值的照片，久而久之就会有粉丝关注我们的昵称，想要互相添加成为好友。这时候，具备引流特质的账号就可以轻松地让粉丝找到我们。

2. 上传图片

如果我们有一定的摄影技巧，那么自己的产品是不是就可以成为很好的摄影道具、产品写真、模特道具？如果图片的拍摄够新颖、够专业，那么在网站上传，就会赢得很多粉丝的喜爱，无论回复量还是顶帖量都会居高不下。

在这个基础上，我们不妨给照片添加水印，如微信号等。需要特别强调的是，图片网站讲究的是图片是否“高大上”，所以万万不可让水印喧宾夺主，破坏整个图片的画面。水印不要过大、过长，简单的几个文字和数字组合即可。

同时，关键词设置也一定要做好，正式上传前完善图片关键词会大大提升被搜索引擎捕捉的效率。

3. 回复留言

如蜂鸟网等论坛类图片网站，可以帮助我们与粉丝更好地互动。论坛类网站同样需要用好这个原则：不要赤裸裸地引流，而是通过互通，传播有价值的信息。例如：当粉丝咨询拍摄的细节时，你不妨列出简要的摄影数据，并进一步回复：“很感谢你的关注！你可以添加我的微信号，咱们可以进行更好的交流！我的微信号就是账号昵称，很方便哒！”这样，我们就能顺利地将粉丝引流至自己的微信。

9.4 自建网站引流

建设一个属于自己的网站，自主设定有哪些版面、写哪些宣传文案，这也是引流的一个重要渠道。当然，建设网站需要一定的计算机技术，不是所有人都能轻松地自建，但是我们可以找到专业团队，以较低的价格建设网站。例如：在淘宝搜索“网站一条龙”，即可找到能够建设网站的团队。

我们先来说说做网站引流的几个好处。

- 可以很好地展示我们的产品；
- 有利于成交；
- 网站内容可沉淀，能留住忠实的粉丝；
- 网站带来的流量是持久的；
- 做B2B平台或者论坛博客可以把流量导向自己的网站；
- 品牌关键词会在搜索引擎有很好的排名；
- 网站可以全方位地展示品牌信息和企业文化，树立形象；
- 官方网站没有广告；
- 网站可以植入聊天对话框，更容易转化粉丝，沟通成本低；
- 广告成本低，24小时曝光，365天展示；
- 独立域名更容易被粉丝发现；
- 一旦被百度或者360搜索引擎收录，全国粉丝都可以找到你；
- 更好地与同行竞争，90%以上的微商没有独立的网站，你做了就超越90%的人了；
- 可信度高，比博客页面或论坛更有说服力，能增强信任；
- 更好地服务粉丝，为粉丝提供多元化的素材；
- 网站内容可以随时更新和修改；
- 网站和公众号可以互相导流量；
- 网站可以让有需求的潜在粉丝主动找上来。

既然做网站引流能够带来这么多好处，那我们如何才能运营好网站呢？

1.SEO优化

网站在顺利建立之后，接下来就到了关键一环——SEO优化。只有做好优化，粉丝在搜索关键词时，我们的网站才能优先排名。反之，无法被人找到的网站，即便版块再多、内容再丰富也是无用的。

（1）提交网站链接、设置网站名称。依旧不要忘了，到百度站长那里提交网站链接，是SEO的第一步。这个技巧我在前文已经多次强调，在此不再赘述。同时，如博客、空间一样，我们也必须设置网站的名称，尽可能地植入关键词，这对百度等搜索引擎的捕捉是非常关键的。

（2）网站经常更新。收录排名的高低，与网站的更新有直接关系。一般来说，我们需要至少一天更新一次，分享新闻、文章、图片等。而新闻和文章，我们也应该多体现与网站相关的关键词。同时，不要总是单纯地复制、粘贴。

同样，图片的关键词设置也一定要精准，这样才能提升优化效果。记住，内容才是SEO优化的核心。有价值的内容，必然会吸引粉丝。

（3）**改版不要过于频繁**。网站如果总是频繁地改版，会让百度等搜索引擎停止快照更新、然后重新计算权重，这会影响网站的排名。所以，除非万不得已，不要轻易改版。

通过猪八戒网等，我们也可以找到专业的SEO优化机构，帮助我们更专业地提升、优化排名，如代码的优化、体验的优化等，这是非专业人士很难完全做好的。但在选择之前，我们一定要多比较、多咨询，并要求供应商提供一定的成功案例，这样我们才能保证自己的投入花在了刀刃上。

（4）**SEO经验与技巧**。SEO优化对于很多人来说比较陌生，所以我以通俗的形式说说我进行SEO优化的经验。

- 一定坚持原创文章内容。
- 设置好主站SEO关键词，把最重要的3个关键词和长尾关键词植入后台。
- 多做友情链接和外链。
- 关键词密度在2%～8%，切勿过度重复。
- 提供有价值的内容，站在粉丝的角度做体验。
- 挖掘海量关键词，多做精准目标长尾关键词。
- 把想表达的关键词放在文章的开头、结尾及标题。
- 把主关键词加粗、下划线。
- 做网站内链，用新文章展示老文章的链接，相互链接和引导。
- 图文并茂，把图片写入关键词。
- 把导航栏放在网站的顶部和左侧，有利于百度收录。
- 使用可视化关键词URL，栏目分类尽量使用目录的形式。
- 用贴吧、论坛、博客、公众号等给网站做链接，有利于引流和收录排名。
- 锚文本优化：在反向链接中，将一个页面中可点击的文本设置成我们想排名的关键词。

- 多更新行业干货。例如：我的网站每天更新微营销课件和引流技巧。
- 网站内容垂直度要高，不要乱发不相关的文章。
- 首页强行跳出背景音乐和视频，会降低打开速度，并且容易让粉丝反感。
- 借用站长工具，检测和诊断网站。
- 条件允许的话，可以多做一些网站，相互导流链接，布局细分领域关键词。
- 手机端和PC端分开做，有利于提升用户体验。
- 网站的颜色搭配要协调，有一个主题颜色，五颜六色的反而不好看。
- 坚持，坚持，再坚持。

2. 友情链接、图片互换

我们在很多网站的底部可以看到一个小版块：众多同类型网站，只需轻轻一点，即可轻松跳转至该网站。这个部分就是友情链接栏，如图9-2所示。

图9-2 友情链接栏

友情链接的作用，就是两家网站成为“互推好友”，任何粉丝都可以从一家网站轻松跳转至另一家网站，以此达到共同曝光的目的。所以，如果我们身边的好友也做网站，不妨彼此添加友情链接；或找到彼此粉丝群有交集的网站，点击“申请链接”，如图9-3所示，一旦通过后就能够添加友情链接。

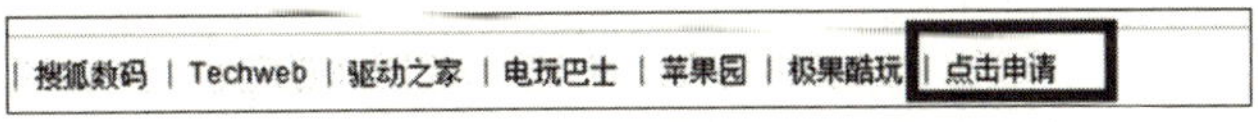

图9-3 申请链接

还有的网站开通了图片互换功能，通过点击图片的形式进行跳转，如图9-4所示。

一旦我们与高人气的网站建立了友情链接，就可以借助对方的影响力，迅速提升本站的来访人数。因此，建站成功后，我们就应该在相关论坛、网站等联系负责人、发布帖子，尽可能多地添加友情链接，提升引流效果。

图 9-4　BECK 中文网图片链接

9.5　B2B 网站引流的优势与建议

什么是 B2B 网站？**一般来说，它是指提供企业对企业间电子商务活动平台的网站**。B2B 模式是当前电子商务模式中份额最大、最具操作性、最容易成功的模式之一。B2B 网站的主要模式可分为 3 类：大型企业的 B2B 网站、第三方经营的 B2B 网站和行业生态型的 B2B 网站。

不同类别的 B2B 网站有自己本身的特点和运作方式。B2B 电子商务中应用比较广泛的模式有电子市场中心、电子分销商、B2B 服务提供商，以及信息中介等。那么，B2B 网站在引流过程中具有哪些优势呢？

- 可以使用较低的投资回报率获得较高的曝光率。
- B2B 网站是一个很好的展示窗口，可以当作广告窗口，用于引流。
- 可以帮助意向粉丝在较短时间内了解产品的相关信息，以及引流。
- 商机发布式的交易机制比较直接，操作简单。
- 可以优化网站和 SEO 搜索引擎。

当然，B2B 网站也有自己的缺点，那就是不会在短时间内获得较大的流量。所以 B2B 网站并不是我们引流的重要阵地，它可以作为一个辅助手段。在使用 B2B 网站进行引流的过程中，我们要注意以下细节。

- 文章内容要丰富，文章有一定的长度，不要太短。
- 包括尽量多的关键字，有利于搜索。
- 内容保持大量原创，有利于排名。
- 标题一定要能吸引人，更容易引起浏览者的关注。
- 用软文的形式传播，大家更能接受。
- 软文带锚文本，链入自己网站的关键词。
- 内容要具有可读性、新闻价值、宣传效果。
- 用人工和机器结合的方法进行推广，能提高效率。

第 10 章

阿里系引流技巧

10.1 淘宝买东西评论引流带来的启发

很多人在淘宝购物时会先看评论，所以淘宝的评论是流量非常集中的地方。淘宝评论区的粉丝是非常精准的，他们对该类产品有着强烈的需求。那如何使用淘宝评论进行引流呢?

1. 购买产品

这些产品一方面是自己日常需要的，另一方面是为了达到引流的目的。所以购买产品时，你一定要精准选择，购买一些价格相对较低的产品，就像你先掏点钱当作广告费用。例如：淘宝上有很多 9.9 元包邮的产品，你花 9.9 元，如果能给自己的微信号加几百个好友，那引流的成本是相当低的。当然，淘宝还有一些虚拟产品更便宜。

不过我们选择的低价产品一定要在淘宝上有很大的销量。如果搜索出来的宝贝是月销量几千件、几万件的，那这些宝贝就是我们要购买的对象了。

2. 做出评价

在评价的时候，要记得留下联系方式，还要使用追加评价留两次联系方式，以提高你的广告展现率。

我们看一个我的学员曾经做过的案例，以买手机壳为机会进行评价引流。

> 这个学员首先在淘宝中搜索“苹果手机壳”，发现排在第三位的宝贝月销量 67029 件，这说明销量真的不错。
>
> 手机壳是 9.8 元，还包邮，非常划算。购买完成后，这个学员在评价中，除了说这个手机壳不错、物流速度挺快之外，最重要的是插入了广告。他在评价中这样写：“手机壳真不错，我自己 DIY 了一下，发现手机壳还

可以不花钱变成夜光的，来电话的时候也会闪光哦。买了手机壳有兴趣DIY的朋友可以加我微信××××，我教你。"

在评价完之后，他晒出了几张手机壳的图片，并在图上打了水印文字，水印文字为"夜光很漂亮哦，要学的朋友加我微信号"。

这样，前期的工作完成了，就等着别人来联系他。如果买这个手机壳的人对夜光和来电闪光很好奇，那他们就会尝试加微信号了解。

通过评价引流的方法其实很多，重要的是你怎么吸引别人，怎么让别人对你感兴趣。

10.2 如何使用淘宝店精准引流

通过在淘宝上搜索一些关键词，我们能非常精准地挖掘粉丝。然后根据自己的产品对相应的粉丝群体开展精准营销。

例如：我是做微商培训的，接触微商群体多一些，我就可以在淘宝上卖一些产品和服务，如销售课件、清理僵尸粉软件、引流教程、微博营销教程等虚拟产品。通过发布大量的产品，我可以让更多的潜在粉丝有所关注，然后引导他们成为我的微信好友。

至于具体怎么创建淘宝店，很多书都进行了细致讲解，我不赘述了，这里主要说说淘宝平台上一些关键的引流操作。

1. 淘宝论坛发帖

我们可以围绕产品的功能特点、使用感受等，写成软文类帖子，并发布在淘宝论坛上。这都能够为淘宝店铺带来精准流量。

2. 淘宝搜索引流

每个产品都有专属的关键词，但直接把这些关键词展示在淘宝店铺，引流效果并不一定出色。我们可以使用免费的淘宝"生意参谋"工具进行优化。

（1）进入"生意参谋"首页，点击右上方的"专题工具"。

（2）找到多样化的工具类目，会发现很多相关工具，如"选词助手""行业排行”“单品分析”等，如图 10-1 所示。我们可以通过用它们了解搜索趋势。

（3）将打算为产品命名的关键词进行组合，以“2018+ 产品种类 + 产品属性 + 产品名称”为组合方式，构成不同的产品关键词，如 2018 新款可爱男童装，或 2018 流行款萌娃童装等。

（4）将不同的关键词分别输入“选词助手”，进行搜索指数的对比，并找到性价比最高的对应关键词（而不是搜索次数最多的）。**性价比是指同一组关键词下，宝贝数量和宝贝搜索指数的比率。**

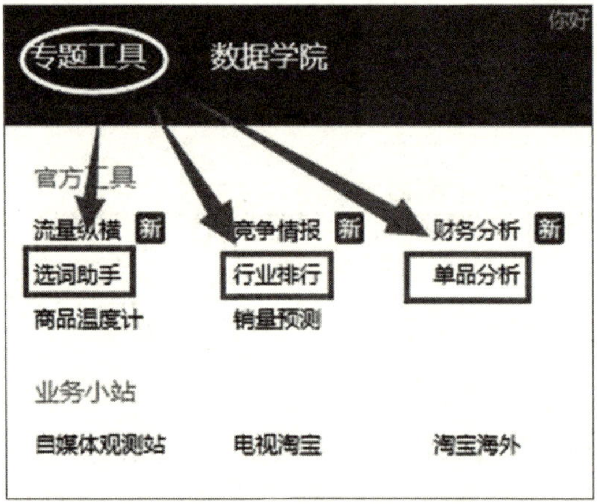

图 10-1　生意参谋的相关操作

3. 选择产品上架时间

控制好淘宝店铺的上下架时间，上架时间应该挑选人气比较旺的时刻，根据规则，下架时间越近的产品越排在前面，因此，主打产品应该在人气最旺时被设置为接近下架。

4. 用好淘宝橱窗引荐

不要拒绝使用淘宝橱窗引荐，事实证明，使用了橱窗引荐的产品，比其他产品更容易被卖家搜到。不妨将店内性价比最高的产品放到橱窗中，从而为整个店带来充分的流量。

5. 发挥点评价值

以用好评送红包、上传图片送积分等方式，鼓励买家为产品留下内容充实而详尽的文字和图片好评。并将这些好评进行截图，放入淘宝店铺，成为吸引新客流的流量入口。

6. 使用宝贝描述模板

店家在淘宝上架新产品时，店铺需要填写宝贝描述模板。模板的功能不仅能够突显产品价值，还能够为其他产品带来流量。

7. 参加促销活动

活动有很多种，关键是要选择适合自己产品的活动，下面这些活动就非常好。

（1）**一元拍**。向淘宝申请参加一元拍活动，用一元价格推销产品，虽然这样可能需要付出引流成本，但带来的流量效果是明显的。

（2）**拍卖频道**。可以使用质量高、名气大的产品参加淘宝拍卖，与一元拍相比，其拍卖效果会更加直接、明显。

10.3 使用淘宝闲鱼日吸粉上百人

闲鱼是阿里巴巴旗下的一款闲置物品交易平台，自 2014 年 6 月成立至 2017 年，已累计超过 2 亿名实名认证粉丝，成为国内最大的闲置交易平台之一。

在这个平台上，很多闲鱼塘主和鱼塘里的成员都是“95 后”，他们为自己塘主的身份而骄傲，他们喜欢这种新奇的社交方式，在和志同道合的人分享自己闲置物品的过程中，还可以结交朋友。这就给了我们引流的机会，那么如何用淘宝闲鱼引流呢?

1. 找鱼塘

来闲鱼的人是想找到便宜商品的人。闲鱼有各种鱼塘，如按地域、小区、社区分的，又如按母婴、搭配、护肤分的，再如按品牌、兴趣分的，可以说人群细分非常精准。你想要什么样的粉丝，就加入什么类型的鱼塘。可以看到，最活跃的鱼塘人气达到了几百万，这就是一个大流量池，如图 10-2 所示。

此如，还有基于地理位置的鱼塘，引流附近的人效果也很好。例如：我现在住的小区就有个闲鱼部落，很多人把自己的东西放在上面卖，人气相当旺盛，如图 10-3 所示。

图 10-2 闲鱼 App 上的分类鱼塘

图 10-3 闲鱼 App 上基于地理位置的鱼塘

我们要做的就是在附近的鱼塘和热门鱼塘发布需求，吸引别人并加为好友。

2. 发布产品

我们在发布产品的时候，文案一定要写得吸引人。

> 例如：
>
> ×× 免费送！只要付 5 元邮费，即可领回家！只限前十名！

我们还要把商品详情的文案写得清楚明了，一是突出商品的价值，二是突出免费领取、机会难得的信息。

3. 增加曝光

商品发出去了，你要想方设法地争取让更多的人看到你和你的产品。可以去目标粉丝聚集的鱼塘，多给其他人发布的商品点赞，引起别人的注意。此外，还要定时“擦亮”自己的商品，基本上可以每天“擦亮”一次，如图 10-4 所示。

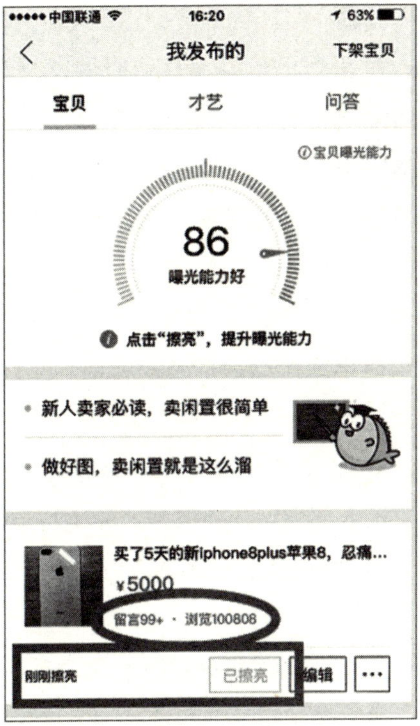

图 10-4 在闲鱼 App“擦亮”商品

4. 引流转化

把粉丝引流到自己的平台之后，你可以进一步筛选和转化。

通过以上步骤，我们可以引流到很多精准的粉丝，不过在操作的过程中，有一个问题是需要注意的，那就是个人资料的设置。只有个人资料设置得全面，别人对你的信任度才会高。因为当别人想了解你时，就会点开你的资料查看。而这时候，如果在资料中设置了联系方式，引流的概率就能大大提升。

10.4 阿里巴巴引流技巧

阿里巴巴是许多中小电商频繁登录使用的电商平台，直接在该平台上吸引流量，企业的营销业绩会从起步开始就带有强大优势。

可以尝试使用下面这些方法。

1. 交换链接、加入收藏

可以通过 QQ 加入阿里巴巴群组，认识新朋友，然后再互相交换链接、互相收藏，从而提高店铺的关注量，获得靠前的排名。

2. 每天拜访不同的旺铺

（1）对行业中排名靠前的公司店铺、营销博客进行拜访，并留言。

（2）凡是拜访了自己的店铺和博客的粉丝，你都应该进行有针对性的回访。

3. 店铺介绍

（1）不要使用阿里巴巴系统默认的公司介绍，应该结合产品或服务的实际情况，写出原创简介。

（2）主营产品最好填满 20 个，其中包含的都是关键词。

（3）产品属性页应该全部填满，并保证产品类目选择正确。

（4）产品详情应确保差异化描述，做到图文并茂，强调产品材质、型号和优势。

4. 社区和专栏

（1）专栏的文章能够同步到阿里旺铺的公司动态，可以在专栏中发布含有关键词的文章标题，并同步实现精准引流。

（2）多参加阿里巴巴组织的专场活动，无论活动是否能带来成交量，都应该积极选择对应的产品类别并加大曝光量。

5. 关键词

可以从下面几个方向查找关键词。

（1）在阿里巴巴首页搜索，除了搜索关键词，还可点击“搜索排行”筛选关键词。

（2）在信息搜集页面查找关键词。

（3）在“我的阿里”中，选择“服务”内的“生意参谋”，进行标题优化，再挑选关键词。

（4）在“我的阿里”中，选择“服务”内的“阿里指数”，再观察不同行业内的关键词使用情况。

6. 阿里巴巴的生意经

阿里巴巴的生意经因为其内容落地、方法丰富，是很多商家聚集的地方，一篇好的生意经回答能带来不菲的流量。要通过阿里巴巴生意经引流，我们先来了解阿里巴巴的生意经。

生意经一般分为以下三大类。

- 热门话题类型：如“双 11”、热点新闻等；
- 积极话题类型：如积极向上，或者有利于身体健康的话题；
- 大众话题类型：如工作、生活、恋爱等。

要通过生意经回答引流，我们除了选好类型、找准目标外，还要掌握以下回答技巧。

- 回答时要给别人提供价值，站在提问者的角度回答问题。
- 回答问题一定要耐心和细心，让别人感受到你的认真，对你产生极大的信任。
- 回答时要体现专业性，可以在百度上搜相关资料进行回答。
- 要想推销产品，先把自己推销出去。
- 在回答200个以上擅长领域的问题后，生意经积分能够达到“知府”级别以上，这时候可以申请成为“领主”。成为“领主”以后，可以给优质问题和答案进行加精奖励，生意经也会给“领主”更多展示和曝光的机会，并且有可能将“领主”展现在领主团的导航栏，“曝光率”会大大提高。

10.5 阿里巴巴商友圈引流的十大优点

在阿里巴巴平台上，除了上面提到的一些引流方法外，商友圈也是一个不错的流量入口。如果能使用好，可以带来不错的流量。商友圈在引流的时候，有十大优点。

1. 免费的广告位。阿里巴巴商友圈有很大的流量，虽然不能直接打广告，但可以巧妙地植入品牌信息或者产品，也可以上传一些图片进行营销。如果商友圈的帖子对大家有帮助，自然会受到关注。

2. 被各大搜索引擎收录。商友圈有很好的权重，可以很快被百度蜘蛛抓取，进而在百度搜索结果中展示，就像论坛一样，增加了展示的窗口，指定的帖子和流量大的帖子更容易有好的排名和收录。

3. 积累信用资源。阿里巴巴的诚信机制做得很好，经常在商友圈发些有意义的帖子，可以增强粉丝对你的信任。文字的力量有时会超出我们的想象，商友圈及论坛可以成就一个人的信誉。

4. 可以带动博客。我们在商友圈发的帖子可以同步到博客，博客在给商友圈带来人气的同时，商友圈也给博客带来了流量，一举两得。

5. 可当选版主。阿里巴巴有很多商友圈，同样需要大量的版主，版主可以得到很好的曝光推广。只要经常在圈内活跃，并且提供有价值的帖子，自然就会积累一定的人气，当选版主就像百度贴吧吧主一样，只要愿意就可以申请。

6. 赢取免费推荐位。在商友圈，一个月内发帖最多并签到最多的商友可以得到一次商友圈右边的店铺推荐广告位，免费推广展示一个月，这是一个很好的免费展示和引流机会。

7. 带来精准的流量。商友圈是特定的朋友圈，相对来说更精准、拥有更高的质量，我们可以通过软文营销、关键词布局、优质帖、评论等进行精准引流。

8. 加入 20 个圈子。每个账号都可以加入 20 个圈子，然后去商圈签到，商圈右边可以展示最近签到的人，这也是一个展示自己的机会，如图 10-5 所示。

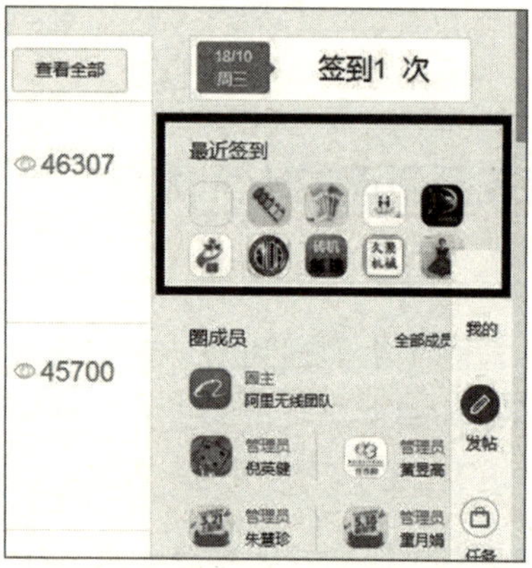

图 10-5　在阿里巴巴商友圈签到

第 11 章 微博快速引流方法

11.1 微博热门话题引流

微博发布的 2017 年第一季度财报显示：截至 2017 年 3 月 31 日，微博月活跃粉丝达 3.4 亿人，超过 Twitter 成为全球粉丝规模最大的独立社交媒体。我们面对如此庞大的流量，好好使用就会有无限商机！

我们做微博营销，一定要把粉丝量提上来，然后精准转化，而要把粉丝量提上来需要技巧。我们先看如何通过热门话题引流。实际上，即便没有多少粉丝，只要正确使用微博话题，也可以吸引很多流量。

1. 话题

所谓话题，就是微话题，在发布微博信息的时候，要提到某一个话题，就要用 # 话题的名字 # 这种格式进行发表。发表完之后，此话题会展现在对应主题的微博主页，该主页中展现的是所有和该话题有关的微博。

如某减肥产品经销电商，经常轮换使用的话题有 # 减肥 #、# 随手拍好身材 #、# 女人 # 等，这些话题主页的粉丝大多是有减肥需求的人群，实际上也正是产品的潜在消费群体。

另外，话题要每天更新。我们可以对与自己产品有关的各种话题进行更新，注意要有好的内容和吸引人的图片。

2. 关键词介绍

在话题之后，要有一段关于所发布视频或图片的文字介绍，重点围绕关键词内容（很可能是话题）进行介绍。

例如：运营一个和剃须产品有关的营销账号，目的在于吸引男性流量，那么微博的文字正文就要包含男士、创业、健美、职场等关键词。

3. 视频、图片和正文

图文结合或者视频与文字结合的微博会更吸引人，并赢得点赞与转发，得到更多粉丝和流量。为了提高转发量和阅读量，提升微博搜索的排名，我们要尽量找质量高的图片和视频。

4. 多号互推

在微博话题的最后部分，可以 @ 小号。所谓小号，是指电商的其他微博账号。@ 小号的目的不在于提到这个账号，而是要让小号也能够转发、评论引来流量，进而成为新的关注目标。这种多号互推的好处在于，可以在一定程度上增加流量总量，覆盖不同的关键词。

5. 微博长图文引流

该功能目前已经成为微博平台上的头条文章功能，在头条文章中，我们可以发布长文，可以插入图片，也可以添加相关的联系方式，这要比其他平台自由一些。

然而，要用好这一功能，最关键的还是得写好文章。然后就可以像发微博那样不断转发了，在转发过程中，也可以结合使用上面介绍的话题功能。

11.2 微博评论引流

对营销者来说，每天加几十个人并不难。而对想要进行精准推广的人来说，首先要做的就是找到目标微博大 V，并确定这个大 V 粉丝群符合自己产品的销路。大多大 V 微博上的文章内容及互动形式是符合粉丝群体的需求的，如果与我们的商品契合，进行评论时才能把粉丝引流到自己的微博上。

1. 寻找大 V 中的意见领袖

持有百万名以上粉丝的大 V 超过 3000 个，而持有千万名以上粉丝的大 V 超过 200 个，这些大 V 在行业中普遍被称为“意见领袖”，不但提升了微博粉丝的活跃度，还能将自身粉丝数直接转化为自己的收入。

2. 在大 V 微博上刷评论

我们刷评论时需要注意，刷评论的内容要写得精彩。同样是广告，文采好的、透着青春活力的、实用的广告，粉丝更容易接受。

由于新浪微博不允许刷重复的评论，所以你每刷一条评论，就要修改一下文案里的文字或标点符号。

刷评论不是你刷一条，它就永远保持在评论排名的第一条。只有那些被点赞次数较多的评论，才会排名比较靠前。因此，我们可以采取一些方法，给自己的评论点赞，使之排名靠前，让更多粉丝看到，突显效果。

11.3 微群引流

微群，就是微博群的简称。微博群能够将所有与之相关的话题都聚拢起来，从而将具有相同爱好或标签的微博用户聚合到一起，这些用户可以通过微博相互交流和沟通，发布各种与主题相关的微博。作为微博的兴趣社交社区，基于微博的庞大用户基数，微群营销的重要性也逐渐显现。如何在微群中引流营销呢?

1. 微群选择标准

要想做好微群营销，首先要选择合适的微群。一般而言，在选择微群时，你可以参照以下几个标准。

（1）**成员数**。为了增强微群营销效果，你选择的微群当然是成员越多越好，一般而言，成员在一万人以上，才有营销价值。

（2）**发言数**。这里的发言数并非指微群内的总发言数，而是指该微群的用户活跃度，只有有了更多的活跃用户，才能让你的营销信息更受关注。如果仅有几个用户不断发微博，你还是不要在此浪费精力。

（3）**相关性**。微群的话题相关性一定要强，如果微群主题与你的营销目的没有相关性，那么即使成员再多、活跃度再高，也不适合你参与其中。强行营销，反而会引起群内用户的反感。

（4）**关联性**。除了与微群主题直接相关之外，你也可以进入关联的主题微群。找到你的目标用户和他们的兴趣点，然后依靠这种关联性，满足自身的营销需求。

2. 微群运营方式

作为微博大平台中的小圈子，要想使用微群营销，你要不断提升微群用户的体验。

（1）微群设置

首先，你的微博头像就是你的微群头像，你的微博昵称就是你的微群昵称。因此，根据你的营销目的和用户偏好，尽量选择一些合适的头像和昵称。另外，可用“卖萌”提升亲切感，用专业塑造权威性。

其次，微群群公告位于微群的顶部，展示功能具有相对优势，在群公告中发布的信息，通常更容易得到关注。

最后，首页置顶。在管理微群时，你可以挖掘一些相对热门、经典、优质的微博，并将之置顶，从而提高微群的内容质量。当然，你也可以将你的营销微博置顶，这虽然能够提高曝光度，但也可能影响群友的使用体验。

（2）微群营销

基于微群特有的集中性和群聊功能，在你使用微群营销时，切忌延续微博营销的思维。相反，你可以尝试融入 QQ 群营销、论坛营销的方法，以更强的互动性增强群内的活跃度，并提升你的营销效果。

在微群营销中，你可以遵守一个基本要点——徐徐图之。微博营销不是一朝一夕就能完成的，尤其是在更注重内容质量的微群中，你反不能操之过急。你最好先凭借优质内容与群友接触，在群内有一定的知名度之后，再发布广告，以免直接被踢出群。

（3）微群运营

微群营销的成功，需要持续的运营。在微群中，话题更为集中，互动也更为频繁，因此，你需要付出更多的精力在运营上。你的主要运营内容包括频繁地与群内用户互动、实时维护群内公告、主动邀请优质用户加入。

你一个人的精力是有限的，为了实现高效的微群运营，你最好组建一个专门的运营团队，充分发挥微群的快速互动性，将目标用户快速转化为消费者。

11.4 互粉引流技巧

如何通过互粉引流呢？

当我们关注某个人的微博时，对方会收到你关注他的通知，对方看见你关注他，很可能也会关注你，这样就增加了自己的粉丝数量。

例如：我们直接在微博中搜索关键词“互粉”，就可以找到想要互粉的微博粉丝，直接关注即可得到粉丝，这样被对方关注的概率在 50% ~ 80%。你要知道，这些粉丝都是真实粉丝，他们很可能会成为你的粉丝。

虽然很多博主喜欢互粉，但一一关注费时费力，所以我们可以借助一些工具。如互粉小助手，它会把你推荐给其他人关注，效果非常明显。

具体如何操作呢？

互粉大厅应用。这是一个值得新手重点研究的加粉丝方式，一天甚至可加 300 个粉丝。进入方式：第一步，可以在微博搜“互粉大厅”，也可以在百度搜“互粉大厅”，如图 11-1 所示。

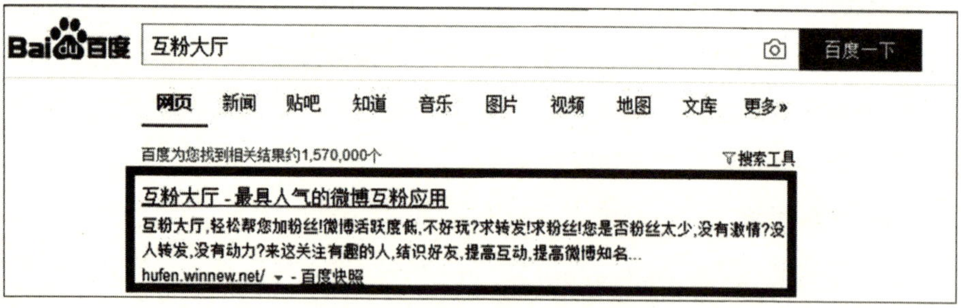

图 11-1 在百度搜索“互粉大厅”

第二步就是点击，出现以下界面，提示用微博账号登录，如图 11-2 所示。

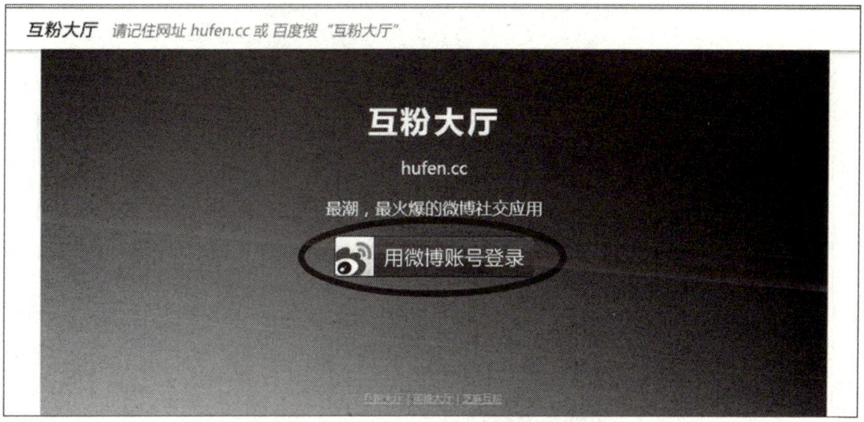

图 11-2 互粉大厅界面

第三步授权应用即可，如图 11-3 所示。

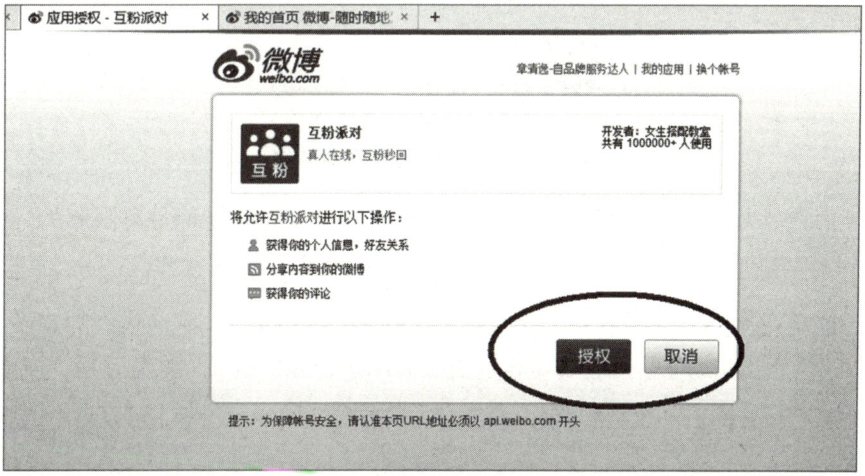

图 11-3 互粉大厅授权操作

第四步就是进入应用页面，到了互粉大厅。你进到互粉大厅，可以了解里面的一些功能和按钮。如果你在其中签到，体力可以涨 50。

第五步就是关注别人，这个时候也会有很多人关注你，接下来你也要关注那些已经关注了你的新粉丝，这样很快就会增加一些粉丝，如图 11-4 所示。

图 11-4　互粉后增加了很多粉丝

值得注意的是，微博在关注好友和取消好友方面数量都是有限制的，一天一般不得超过 500 人，如果粉丝增长得多，可以隔天再操作。

除了互粉大厅之外，还有其他应用同样可以涨粉丝，如互粉加加（见图 11-5）、互粉小助手、互粉赏金榜、贝贝微助手、互推达人、推兔互粉、多推、狠狠转、妞妞助手、微博互粉网、优推推、微推推、狗狗互粉等，可以自由选择。

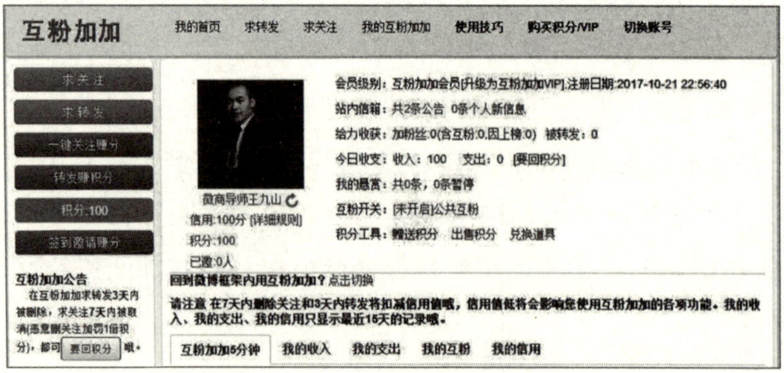

图 11-5　互粉加加的应用界面

11.5 转发引流

在微博上，每个人身后都可能有一个鱼塘，这个鱼塘可能是一个很好的广告位，我们可以挖掘它资源。最好的方式就是利益驱动，别人帮你挖掘资源，你给他发放福利。

以面膜为例，我们可以让自己的粉丝转发自己的微博，并 @5 个好友，获得一片面膜。这样就会有很多人关注这条信息，并积极转发。在这个过程中，我们会增加微博粉丝。如果条件设置得再高些，让他们 @5 位好友并加我们的微信，可以让他们在获得面膜的基础上每人再获赠一片面膜，相信会有很多人愿意这样做。

这种操作方式，既可以让粉丝体验你的产品，又增强了粉丝的黏性。粉丝体验产品后，有可能通过晒图等方式再次传播。如果产品过硬，把这些体验过产品的粉丝转化为粉丝，会轻松很多。

11.6 微博搜索引流技巧

精准引流的方法各种各样，很多人比较重视微信互动和吸粉，却往往忽视了微博这个重要渠道。下面我们看看微博是如何通过搜索实现营销的。

1. 微博高级搜索

微博高级搜索可以精确到关键词、时间、地区等条件。搜索精准目标用户，这种方式主要是通过与目标用户或产品高度相关的关键词获得用户。

（1）**微博关键词**。在微博搜索目标客户时，搜索框输入的关键词必须是目标客户的核心关键词。

（2）**昵称关键词**。很多人喜欢以“宝宝”为开头命名。

（3）**年龄 / 性别**。25 ~ 35 岁的成年女性大多初为人母，也是目标客户的一部分，可以在微博搜索框内按照年龄、性别搜索。不同的产品需求的年龄不同，可以按照实际情况选择。

（4）**地区**。如果产品有明显的地域特征，我们可以在其代表的地域搜索目标用户。

2. 竞争对手的微博

我们必须一直关注自己的竞争对手，搜集竞争对手的客户。

3. 热门话题

我们可以找与产品对应的目标客户群体关注的热门话题，并从中找到参与者，这些也是潜在客户。

4. 互动方式

互动的方式有以下 3 种。

（1）**关注对方**。一般来说，在微博上关注对方，大部分会礼尚往来地回粉你。

（2）**有帮助性的讨论**。很多微商朋友在别人的讨论下方直接发产品信息，这种方式一开始会让人比较反感，很难产生信任，所以最初的互动尽量以帮助性和建议性的讨论为主。

（3）**@ 提醒**。对于已经建立了一定关系的用户，我们可以在发布新品时用 @ 功能提醒他们。

与微信平台相比，微博平台的特点就是更开放，正是这种开放可以让你通过搜索等方式与任何人互动。我们可以通过微博精准定位粉丝，进行精准引流营销。

第 12 章
App 引流技巧

12.1 App 引流营销的三大特点

不管是社区 App，还是一些娱乐性的 App，在引流营销的过程中，因为其粉丝相对集中和精准，所以相对于其他平台来说，App 引流营销有更多的优点。

1. 精准

无论你采取何种营销方法，第一步都是定位你的目标粉丝。然而，你的目标粉丝究竟具有哪些特征？你的产品或服务究竟符合怎样的粉丝需求？这些粉丝又在哪里？

这些问题的答案都可以在你的 App 营销中找到。当粉丝安装了 App，就等于向大家展示了他的某些特性。例如：常在美柚等 App 上的粉丝，大多是宝妈、女性白领等。知道了这些特性，引流的目标就明确了很多。

2. 互动性强

基于移动智能终端的便携性，以及移动社交 App 的完善，App 营销能够实现更强的互动。

首先，你可以在 App 中创建品牌主题帖，吸引粉丝在此交流、讨论，并收集粉丝的意见和需求。

其次，你可以与微信、微博等移动社交 App 对接，让粉丝将你的信息分享到这些平台，实现基于粉丝朋友圈的辐射传播。

最后，你可以实现“O2O 互动”，基于粉丝的位置信息，让粉丝在线上参与、在线下互动。

3. 粉丝黏性强

目前黏住粉丝的最佳方法，早已不是电视广告，或 PC 广告。你要想将粉丝拉上自己的“战船”，就必须抢占智能手机这个“售票处”，这就给 App 提供了更多的机会。

12.2 美柚：数百万的女性流量池

之前我们提到过美柚，该 App 社区的女性流量非常多，而且用户很活跃。以 18 ~ 30 岁的女性用户为主，比较适合需要引流女性粉丝的营销者。

美柚的具体操作流程如下。

1. 注册账号

可以用微信、QQ 登录，绑定手机和微博，也可以用邮箱和手机注册，如图 12-1 所示。

2. 编辑个人资料

编辑个人昵称的时候，建议留下微信号，但是美柚的系统会屏蔽微信号，所以需要一点儿小技巧，写“微信”二字的时候可以写别人看得懂的其他字，这样就能顺利留下微信号了。为了保证资料真实，我个人推荐女性粉丝去美柚注册，这样上传头像的时候就更真实了。

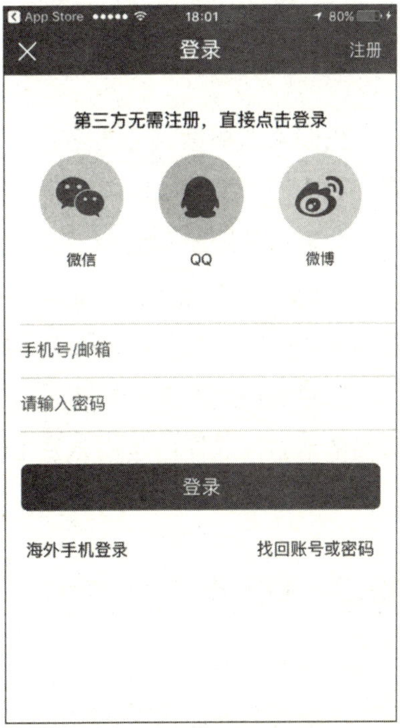

图 12-1　美柚的注册页面

3. 她她圈进入圈子

每个圈子就是一个粉丝池塘。你打开主页就能看见最下面的中间有一个按钮是她她圈，可以点开更多圈查看其他圈子，如情感类、育儿、同城等。点进去还会有更细分的圈子，如我的前男友、职场那点事、0 ~ 6 月宝宝等，如图 12-2 所示。

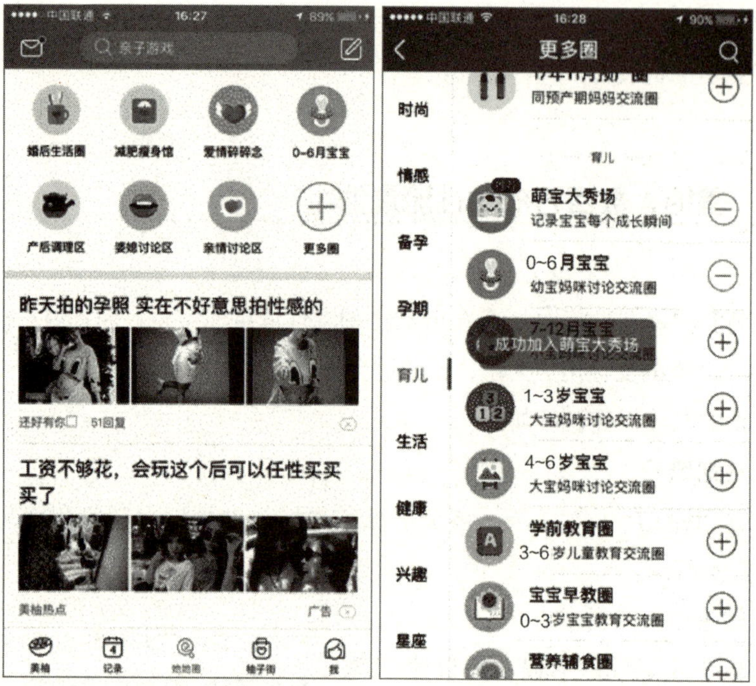

图 12-2 美柚 App 界面中的她她圈

我们可以根据自己的喜好和需要，选择对应的圈子。如减肥的圈子、美容化妆的圈子、去痘的圈子等，相对来说粉丝非常精准。

4. 发布话题与引流

我们在引流之前，先要了解平台的规则。大家都知道，所有平台都会屏蔽和删除关于涉黄、广告等违禁帖子内容，所以不要触碰平台的原则。

话题的标题内容一定要围绕大家关注的帖子，可以是互动率和点击率比较高的话题，这样粉丝才会关注到你，你才有机会引流。

12.3 商务类 App 如何引流

商务类 App 主要应用于商业领域，如名片全能王、群友通讯录、经纬名片通等。这类软件非常多，打开任何一款应用商店，输入“商务”二字，即可看到相关软件，然后选择下载热门的 App。

商务类 App 的特点，就在于粉丝几乎是实名认证，电话、工作单位一应俱全，因此具备非常强的社会属性，为拓展、管理人际关系提供了便捷。

以“名片全能王”为例，下载并实名注册之后，我们发现了非常多的商业活动，如图 12-3 所示。

图 12-3　名片全能王 App 首页

找到想要参加的活动，并点击“我要报名”，按时出席会议，这时我们就能顺利地加入了。圈子的影响力是巨大的，如果我们的朋友圈囊括了非常多的行业专家，并经常聚会交流，那么我们的自身价值、影响力也会水涨船高。同时，借助这些商务类 App，我们与圈子里的好友也能共享资源、相互展示。

群友通讯录也是一款重要的商务类 App，它主打的就是社交群，帮助粉丝梳理组织、校友等圈内好友的电话、职业、供需等信息，加深群友之间的认识，加强合作，并且它还可以通过微信账号登录，操作更便捷。

找到适合自己的群并申请加入，加入后所有群友的姓名、电话、公司等信息，我们都能一目了然，并且这些信息都是真实有效的。将这些人导入微信，就能顺利完成引流。打通了关系，未来才能更好地合作，提高曝光度。

与此同时，我们在每个群都能够进行互动聊天。例如：加入“80后创业群”之后，发布一些商务信息，如“微信创业，想一起干吗”，再配备一定的说明，一旦有人感兴趣，就会主动与我们联系。

商务类App的核心，就在于圈子的建设、人际资源的梳理。我们与行业精英成为好友，对未来的发展是非常有帮助的，因此用好商务类App，可以提升自我社会属性。

第 13 章
热点及图片引流技巧

13.1 寻找热点的途径

网络上每天都有热点，各行各业也都有自己的热点，如果我们抓住了热点，就能很好地使用热点以吸引粉丝的关注，进而引流。不过依然有很多人不懂得如何把握、寻找热点，下面我介绍几个寻找热点的途径。

1. 百度搜索风云榜

我们可以在百度搜索风云榜上发现各种各样的热点，并且百度平台上的热点更新比较及时，如图 13-1 所示，我们可以及时发现热点，提前布局和引流。

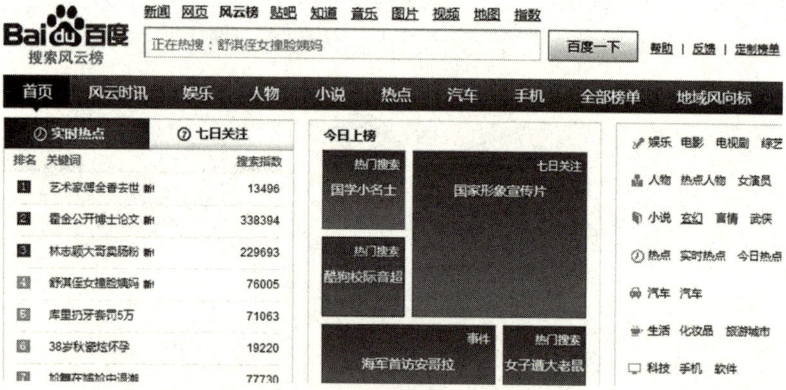

图 13-1　百度搜索风云榜

2. 百度指数

百度指数是以百度的海量粉丝行为数据为基础的数据分享平台。在百度指数上，我们可以研究关键词搜索趋势、洞察粉丝兴趣和需求、监测舆情动向、定位受众特征等。

3. 腾讯弹窗

腾讯弹窗除了发布重大新闻外，还是各行业最新动向的风向标，包括产品、活动、事件等，我们可经常关注。

4. 微信热搜榜

微信热搜榜是腾讯推出不久的流量入口，进入微信的搜索页面并点击“资讯”就可以找到，如图 13-2 所示。

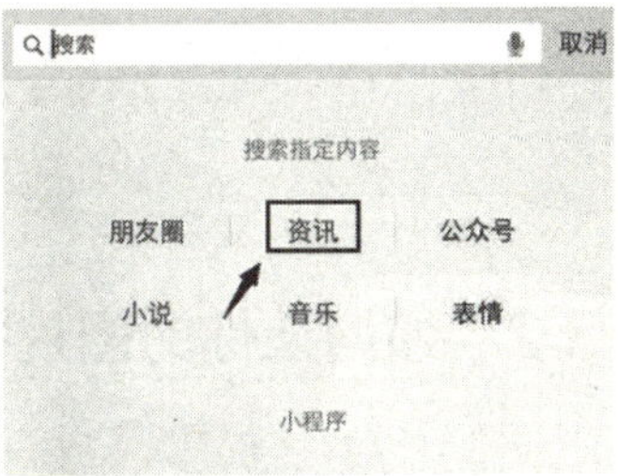

图 13-2　微信热搜榜

进入资讯后，页面会出现一个榜单，分别是微信热点和微信指数。这个榜单上显示的都是最近的热点，可以搜寻一些和自己行业相关的热点进行引流。

5.360 热搜榜

这和百度搜索风云榜的性质差不多，自己可以选择使用。

6. 新浪微博热搜

微博热搜上的热点可以说是极为实时的，一旦有重大事件发生，最先爆料的都是微博，如图 13-3 所示。在微博热搜中，可以根据自己的需求输入关键词进行搜索，也可以据此查到相关的热点、引流信息。

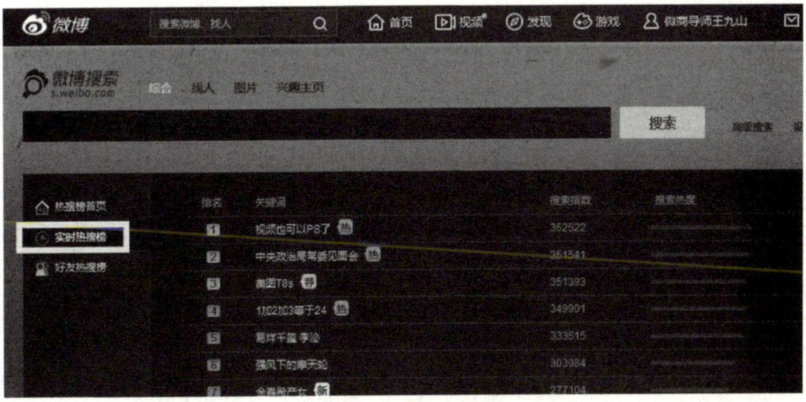

图 13-3　新浪微博热搜

此外，腾讯、网易、新浪等大型新闻源平台都是热点的聚集地，我们可以多关注。

不过，我要提醒的是，在通过热点事件引流时，最好前期看热搜榜，后期看下拉框和相关搜索。因为热搜榜有人工控制的可能，但下拉框一般是实时的。例如：微博下拉框会随着搜索人数的迅速提升很快体现出来，而这个时候热搜榜往往还没有来得及更新，我们就可以在别人之前，借势热点事件进行引流。

13.2 如何让你的图片被搜索引擎收录

我们在百度图片中查找图片时，会发现很多引流的图片呈现在靠前的位置。百度搜索每天有巨大的流量，如果图片被更多人看到，就能引来不错的流量。

如何让自己的图片被百度搜索引擎收录呢？想知道方法，我们要先理解百度图片搜索的逻辑，知道了逻辑，自然就懂得如何操作了。

1. 百度图片会根据网站权重排名进行收录。权重高的自然很快就会被收录。

2. 根据关键词匹配度优先展示。我们可以在图片 alt 属性中填写图片关键词。图片 alt 属性是用来说明图片内容的，我们在阅读网页时，把鼠标放在某张图片上停留一下，就会弹出一个小的提示，上面写着一些文字，这就是图片 alt 属性设置的。

3. 把图片上传在图片网站。图片网站有很多，如昵图网等，而图片的标题就写你想要被收录的关键词。

4. 优先收录壁纸、风景名胜、新闻图片等。

5. 百度图片搜索结果会优先把 jpg、jpeg 放在前面。在上传图片时可以把图片格式设置为这两种格式。

6. 百度图片喜欢把大图放在搜索结果前面。上传的时候要上传大图片。一般来说，大图片指的是最长一边大于 640 像素的图片（包括 640 像素）。

例如：粉丝在百度搜索“微商引流”的时候，百度图片会显示在搜索结果的前列。粉丝除了看网页，看图片的可能性也很大，如果在图片上放入我们的信息、联系方式，那么如果粉丝感兴趣，就能找到我们。

最后，我再来重点说说图片的发布渠道。

如果自己有网站，可以上传到自己的网站，自媒体平台也是一个不错的选择，这样图片会被直接收录。此外，我们还可以依靠一些大中型权重比较高的信息平台，如阿里巴巴、百度贴吧、马可波罗网、知乎网、慧聪网、58同城网等，开通账号并且大批量上传产品图片。

注意，产品图片的命名、销售标题都要包括“你的产品”这个关键词，以此增加被搜索引擎收录的机会。但也要避免关键词堆积，要注意做长尾关键词。

其实，引流方式不用多，研究清楚百度图片搜索引擎的规律，一旦你把这些关键词都用到图片上，每天有目标地坚持做下去，做到极致，肯定可以持续免费引流，而且流量会很精准。

13.3 GIF 动图引流

我们在社交平台聊天的时候，都用过一些比较好玩的 GIF 表情，这些表情在惹人发笑的同时，其实也可以引流。一些好玩的表情会不断被大家使用，其展示率极高，用好了 GIF 动图，可以达到事半功倍的效果。

先来了解 GIF 引流的优势，具体如下。

- 易于传播，只要好玩，每个人都可以使用；
- 传播范围广，在社交平台上可以呈现滚雪球式传播；
- 可以获取长久流量；
- 趣味性强。

GIF 引流就是在动图里植入自己的联系信息，前提是你的动图值得收藏，别人愿意主动传播，才能引流。

如何制作值得收藏并有个人信息的 GIF 呢？

我们可以在一些大的平台上寻找素材，找到视频后就可以使用工具制作 GIF 了。寻找的素材也需要是比较热门的，可以是新闻视频，也可以是名人论坛视频，还可以是热点视频。

找到了这些视频，并使用 GIF 制作工具，截取经典的镜头，就可以生成有趣的 GIF，不过也要注意配文案。文案能为 GIF 增色不少，当然，这时候就需要植入个人信息了。

至于如何选择和使用 GIF 编辑工具，我不多说，网上有很多 GIF 编辑工具。如果你想在百度贴吧的签名档做一个不错的 GIF 大图，我推荐一个网站——www.55.la，这个上面有很多免费的模板，做完可直接保存，也有很多代码地址可以使用。另外，GIF 编辑工具还有 Adobe Fireworks、Ulead GIF Animator 等。现在手机上也有简单的制作软件，如激萌、美图秀秀等。

在制作 GIF 之后，如何才能将其推广出去，让别人使用和转发呢？有这样几个途径。

1. 微信群。在微信群聊天的时候，你可以有意识地多用你制作的 GIF 图，这样别人看到会觉得很好玩，从而转发或收藏。

2. QQ 群。这和微信群是一样的。

3. 在论坛或其他个人空间中，将 GIF 设置为签名。每当你留言或者评论时，GIF 图就会出现在大家面前。

特别需要说明的是，用 GIF 动图推广引流，一定要和论坛结合起来，我们在论坛发帖的时候，可以设置自己的签名档，我早在 2009 年就开始用 GIF 动图给 QQ 引流。那个时候我常活跃在贴吧，引来的流量也非常精准。

如果你设计的是搞笑的动图，会有很多人保存下来，GIF 图会被广泛传播。

第 14 章
视频引流

问答平台
百度系
腾讯系
自媒体平台
门户论坛
搜索引擎推广平台
博客/微博平台
新闻门户平台
视频平台
品牌推广
口碑营销
大IP打造
引流成交
王九山
百度霸屏
新浪新闻
网易新闻
大鱼号
网易号
头条
搜狐
列表网
liebiao.com
妈妈网
360搜索
搜狗搜索
Google

14.1 视频营销的17条建议

我做过很多视频营销，也总结了不少经验，所以先来说说视频营销和引流的建议。

1. 上传视频前策划好关键词，关键词要吸引人，最好能有一定搜索指数。

2. 视频标题最好能出现3个关键词，可以是不同的长尾关键词。

3. 切忌堆积关键词，这对搜索引擎收录是没有任何价值的。

4. 标题和视频内容要相符，如果出现文不对题的情况，可能会被当成标题党而被屏蔽。

5. 不要在关键词里设置电话、微信等明显的联系方式，避免被屏蔽。

6. 一定要设置视频标签，不同的平台可以设置5～10个标签。标签是影响排名的重要因素之一。

7. 视频简介可以尽可能全方位地描述视频内容，并且植入相关关键词。

8. 原创的视频有助于收录和排名，并且传播范围可能更广。

9. 视频发布成功后就不要再更改原有信息，频繁修改会让系统屏蔽你的视频。

10. 视频的清晰度对排名有影响，尽量用清晰的视频。

11. 视频的内容能提供多少价值很重要。

12. 点赞和评论互动比较多的视频，排名会靠前，所以要尽量增加评论数量。

13. 切记在视频中不要从始至终都放置二维码，视频审核越来越严格，有二维码的视频一般无法通过审核。

14. 涉及违法、宗教等内容不要碰。

15. 同一个视频不能用同一个账号、同一个关键词反复上传。

16. 早注册的账号比新注册的账号权重高，审核通过率更高。

17. 视频平台一般是根据视频上传时间进行排序的，最新上传的视频排列是最前的，要经常更新视频。

最后，我再说一下缓存的问题，这个问题大家很容易忽略。不管是用粉丝端上传还是在网页上传，我们都需要经常清理 Cookies，如果用粉丝端批量上传，那就在上传前清理一下 Cookies。如果用网页上传的话，下次上传的时候再清理即可。

14.2 如何布局自己的视频引流池塘

我们要寻找目标粉丝，就要找到他们喜欢搜索的视频类型。这是视频引流营销不变的法则。

例如：我们要找到女性粉丝，那就要知道女性群体喜欢什么，如美容、瑜伽、彩妆、电影、快乐大本营、韩剧等。

再如，我们要找到老年粉丝群体，就要关注广场舞、戏剧等。

知道了这些关键词，我们才有可能把握粉丝的喜好，视频内容才能切中他们的需求，从而吸引他们的关注。

确定粉丝关注内容的关键词，我们有很多工具可以使用，如百度指数、360 大数据等平台。所以我们就重点说说筛选内容关键词的布局策略。

我一般查找关键词的方法是这样的。

- 第一，根据自己的行业经验列出与行业相关的关键词；
- 第二，根据目标粉丝经常咨询的问题查找关键词；
- 第三，查找同行的网站，寻找我不知道的关键词。

我们以减肥为例，可以通过长尾关键词挖掘工具（见图 14-1）或者 360 大数据（见图 14-2）分析，以此了解粉丝画像，知道广大粉丝的搜索爱好和相关搜索需求，从而下载相关素材进行创作。

图 14-1　长尾关键词挖掘工具

图 14-2　360 大数据

准备好相关关键词，就开始准备视频了，第一种方式是自己原创视频，第二种方式是下载一些公共版权的内容。例如：下载与减肥相关的视频，把微信号在合适的地方植入视频。我个人建议，要坚持做原创视频。

在视频中除了用文字引流，还可以用语音引流。语音控制在 20 秒以内，这样留联系方式不会被屏蔽。

14.3 如何借助热门视频引流

除了用上传视频的方法引流外，我们还可以通过比较热门的视频平台引流，因为这些热门视频平台上聚集了大量的粉丝，如果我们在这些热门视频下方留言等，就可以实现引流。

如何知道近期哪些视频比较火？打开优酷首页，选择“更多→排行”，这个排行榜里的都是热门视频。

例如：《战狼》比较火，那我们就可以在《战狼》视频的留言区留言。因为很多网站的留言区规则是点赞量多的留言排在最前面，所以我们在留言后，也要邀请别人给我们点赞，以获得靠前的排名。

如图 14-3 所示，我在《战狼》视频留言区的留言，排名就比较靠前。

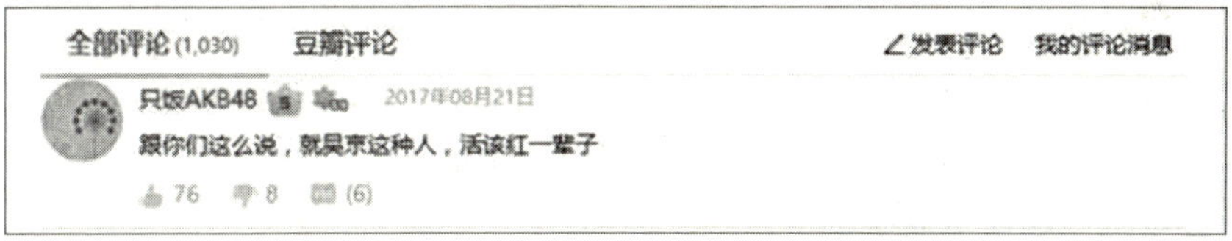

图 14-3 《战狼》视频留言区的留言

留言后，我们的留言有可能很快被别人的留言挤下去，排在靠后的位置。这样，其他关注视频的人是很难看到的，我们可以采取再次发留言的方式获得排名。当然，留言内容不能与上一条一样。

视频引流对于很多人来说，还比较陌生，因为视频原创的难度较大，一些人不愿意尝试，其实只要多坚持，引流效果是非常好的。

我给大家提供一些常用的视频发布网站，在引流的过程中，重点以这些网站为主，因为这些网站上的粉丝量大，比较容易获得粉丝，如优酷、爱奇艺、腾讯视频、百度视频、搜狐视频、乐视视频、土豆视频、聚力视频、风行视频、爱拍视频、西瓜视频、凤凰视频、看看视频、56 视频、咪咕视频、酷 6 视频、第一视频、新浪视频、头条视频、豆瓣电影、新浪视频、Mtime 时光网、电影网、网易云课堂、百度传课、能力天空等。

注册这些视频发布平台时，我们可以将昵称改为自己的联系方式，当别人被视频吸引，会关注你，自然会看到你的联系方式。不过最好不要用“微信”这两个字，会遭到平台屏蔽。

14.4 视频引流五步走

我说了这么多视频引流的方法与策略，总结起来，我们至少要分五步认真实施，否则方法再多也只停留在说的阶段，没有具体操作，粉丝是不会找上门来的。

第一步：收集视频

很多人做视频引流，因为缺乏内容，很快就放弃了。如果没有视频内容，也暂时无法原创，那么可以先找一些公开版权的视频资源，通过剪辑、编加等方式，形成一个新的视频，然后加上水印等发布。切记不要涉及版权，那样会得不偿失。公共版权的视频资源，大家都可以使用。

第二步：模仿视频

拿别人的视频直接发布会侵权，可以自己拍摄视频。自己拍摄视频，又没有内容，怎么办？比较容易的方法就是模仿和借鉴别人。我们经常看到的一些好玩的视频，很多是网络上的热门段子，我们也可以拿热门的段子拍摄视频，这样内容就比较吸引人了。

第三步：原创视频

经历了上面的两个阶段，一定要开始原创视频，因为原创的东西才会留存得更久远，影响力也会更大。所有网站平台都喜欢原创视频，因为它是独一无二的，能给粉丝带来新的体验。所以网站会对原创视频给予更靠前的排名和更多的推荐，原创视频就能得到更多曝光，并且粉丝更有黏性，引流更容易。

第四步：持续输出优质的内容

除了持续不断地更新视频以外，视频的内容一定要步步精彩，如果没有好的内容，原创的视频再多，也是枉然。好的内容没有理由不被传播，当视频越来越多，影响力会逐渐提升，其在圈内的名气也会越来越大，粉丝自然会被吸引过来。

第五步：让视频快速传播

如果想让别人心甘情愿地分享你的视频，视频内容一定要打动粉丝，并且具备广泛传播的特质。优质的视频会迅速流传在朋友圈和网络上，能实现快速引流。

14.5 新手该如何选择视频编辑软件

编辑视频的软件很多，我们无法一一介绍，只要掌握一些常用的、好用的编辑软件即可。

如果学习能力强且时间充裕，可以在网上多看看教程。EDIUS 这款软件是我初学视频编辑时常用的一款软件，很多电视节目的后期也是用这款软件编辑，其内容非常丰富，且比较容易上手，很适合初学者，在网上有数不清的教程，可以自学，图 14-4 为 EDIUS 的编辑页面。

图 14-4　EDIUS 的编辑页面

其他的视频编辑软件，我们来看一下。

1. 在电脑上操作的视频编辑软件

（1）会声会影

会声会影是一套操作简单、功能强悍的 DV、HDV 影片剪辑软件。即使没有视频编辑的基础，也能在短时间内大体掌握技巧，容易上手是其最大的特点。如果你不剪辑复杂视频的话，会声会影相对省时间。我认为会声会影在同类产品中是升级速度最快的，而每次升级在功能上都有领先的技术推出，为粉丝提供了最新的处理技术。

（2）Adobe Premiere

这是目前比较流行的非线性编辑软件，是数码视频编辑的工具，它作为功能强大的多媒体视频、音频编辑软件，应用范围不胜枚举，制作效果美不胜收，足以协助粉丝更加高效地工作。不过，它的操作难度大，不适合初学者。

（3）AE

这款软件功能强大、灵活多样、效果炫酷，但它不是视频剪辑的首选，只能制作简短的视频特效。所以在具体的操作中，我个人建议导入会声会影、Vegas、Premiere、EDIUS、威力导演进行剪辑、合并、渲染、输出成品。

（4）爱剪辑

爱剪辑是强大、易用的国内首款全能免费的视频剪辑软件，爱剪辑具有操作简单轻松、影院级好莱坞特效、专业风格滤镜效果等特色。

（5）小影电脑版

小影是“90 后”“00 后”最喜爱、非常好玩的手机视频神器。它拥有多种特效拍摄镜头、震撼极致的特效、多段视频剪辑、新潮创意的画中画，更有专业电影滤镜、字幕配音、自定义配乐等特性。

2. 在手机上操作的视频编辑软件

当然，以上说的都是在电脑上操作的软件，也有一些视频编辑软件可以在手机上操作，使用起来比电脑软件方便很多。

（1）小影手机版

小影手机版操作简单，有逐幅修剪、混剪、镜头分割、变速、倒放等功能，可以轻松拼接小视频，还能选择配乐、转场、滤镜、主题、动态贴纸。小影还有个特点是支持“画中画”拍摄，它的“画中画”不同于 FlimoraGo 的“画中画”，它的“画中画”是动态拍摄中的，即一个画面被分割成不同的镜头进行拍摄，最后的画面会呈现两个动态的镜头拍摄画面。“画中画”拍摄有不同模板可供使用，大多是可爱卡通风格的。

（2）VUE

WE 提供 6 种画幅、6 种拍摄时长、16 种滤镜、3 种镜头速度。剪辑时，它支持镜头的推进拉远，可添加字幕、音乐、贴纸，各分镜头的顺序也可以随意调换。它的滤镜是偏小清新风格的，贴纸也是“素颜”的。

（3）Quik

这是一款不错的傻瓜式编辑软件。Quik 提供了 24 种视频风格，每种风格拥有独特的转场效果、背景音乐。

（4）极拍

极拍是一款专业、精致的拍视频和拍照 App。极拍 App 提供丰富的摄像模式，包括蓝幕、定格动画、魔法色彩以及手动模式。极拍带有丰富的滤镜效果及大师级的定制风格。

（5）美拍

美拍与美图秀秀是同属一家公司的产品，视频编辑功能比较丰富，也懂得粉丝的喜好，非常容易上手。

3. 其他软件

除了以上软件，还有其他比较流行的软件，就不一一介绍了。

当然，如果你不想操作复杂的编辑软件，也没有好的创意灵感，又想通过视频引流，想让自己的朋友圈视频丰富起来，那我推荐以下几款软件。

（1）逗拍

这是一款能够快速制作逗萌小视频的软件，你可以把相册中的照片、视频配上音乐和炫酷的贴纸，快速制作电子相册、MV 等个人视频。

（2）八角星

这个软件中有海量模板，可以自由创作。软件中的视频相册、影片、开场片头、广告片、自媒体制作等功能都可以满足你的各种需求。

（3）**趣推**

趣推是通过短视频的形式实现营销的软件。只需要导入自己的生活照片、产品照片即可创作高质量的朋友圈小视频。这个软件中也有各式各样的视频模板，可以制作小视频、视频 H5 宣传页、电子相册，功能比较强大，操作也很简单。

第 15 章
直播引流

问答平台
百度系
腾讯系
自媒体平台
分类信息平台
门户论坛
搜索引擎推广
博客/微博平台
新闻门户平台
视频平台
品牌推广
口碑营销
个人IP打造
引流裂变
百度霸屏
王九山
悟空
搜狗问问
新浪新闻
网易新闻
搜狐
头条
大鱼号
网易号
列表网
liebiao.com
百姓
天涯
西祠胡同
妈妈网
360搜索
搜狗搜索
Google

15.1 直播引流势在必行

当下，微商必须借助更有真实感的直播动态，让粉丝看到更真实的自我，粉丝才更愿意与其进行深层次的交流，如直接语音对话、弹幕实时互动等，从而实现“零距离”的接触。

直播引流有这样几个优势。

1. 引流成本低

做直播非常简单，微商只需要下载软件、注册账号，即可开始直播，几乎不需要多少成本。如果内容精彩，吸引的粉丝会非常多。

2. 可以增加曝光率

直播平台也是公众传播平台之一，不管是个人联系方式，还是个人形象，多一个渠道，就多一些曝光的机会。

3. 粉丝的黏度较高

如果粉丝喜欢主播，就会有一定的忠诚度，主播只要能持续输出内容，粉丝就有很大的概率留下来。

4. 可以打造个人 IP

引流只是我们聚集粉丝的一个方式，如果能打造个人 IP，引流的效果会成倍放大。

5. 可以转化流量、变现流量

在直播平台上，很多主播靠巨量的粉丝为商品、为活动引流等，顺利变现。

极有代表性的是手淘视频直播。手淘视频直播是淘宝于 2016 年重点打造的“边看边买”内容导购社区平台，手淘首页下滑至“淘宝直播”即可看到。

早在 2016 年，手淘视频直播日访客量就突破了 500 万，其观看人群以女性为主，是淘宝平台上重量级的新型电商拓客方式、品牌曝光首选频道。

手淘视频直播内容时尚、健康，同时兼具购物指引功效，而覆盖的范围也很广，包括服饰潮搭、美妆护肤、运动健身、母婴、美食、数码、家居、旅行等。可以说，手淘视频直播，是淘宝引流变现的一大利器。在手淘视频直播平台上，我们同样可以注册账号，引流变现。

15.2 直播引流策略

越来越多的视频网站加入了直播，专门进行直播的手机 App 也越来越受到粉丝的欢迎。并且，我们熟知的多数著名主播，也是通过直播平台渐渐被人熟知的。

门槛较低、人气能够通过在线人数直接体现、通过平台虚拟币直接变现……这是视频主播人数较多的原因。但正是因为人数众多，脱颖而出的机会也增加了。那么，视频直播平台该如何成功引流呢？

1. 形象让人眼前一亮

主播需要让粉丝看到自己的一举一动，因此主播必须提升自己的形象，这其中，容貌占有一定的分数，但如果能通过服装、饰品等，打造出不同的自己，那么也能起到加分的作用。

形象让人眼前一亮，是指穿着搭配符合个人气质，并且可以经常做出调整，给人带来“百变”的感觉。

形象提升了，吸引的粉丝自然就多，引流也轻而易举。

2. 提升自己的品位

品位，决定了一个人的档次。很多主播一开始并不出色，如 YY 平台的沈曼，但后来越来越被人喜欢，就在于其提高了自己的品位，一直在学习、打磨中。

不时与粉丝分享一些冷门但优质的音乐，或是一本好书，对粉丝保持微笑，提醒自己收腹、挺胸、双肩放松，这样主播的气质陡然提升。试想，一个整天只会讲段子的主播，怎么可能给粉丝有内涵的印象？在注意外表的同时，一定不能忽视对品位的提升。

3. 特长是吸粉的关键

无论哪个视频直播平台，最红的主播都是具备一定特长的，会唱歌、跳舞、弹琴、脱口秀、讲笑话等，“总有一款让人眼前一亮”。试想，一个外貌很普通的女主播，唱歌却很好听，或者她唱歌虽不好听，但很会跳舞，魅力就在这时闪露出光芒，自然而然地，粉丝就被吸引了。如果主播容貌极佳，但没有任何特长，坐在摄像头前一言不发，那么粉丝也许会因为主播长得好看而进入直播间，但 5 分钟之后会感到无比乏味选择退出。

4. 巧妙视频介绍大引流

经常观看视频网站的朋友，会发现在很多视频界面有一段简短的介绍，如图 15-1 所示。通过快速浏览，我们可以知道这个视频频道有哪些内容和精华。所以，主播应当写明自己的直播特点是什么，如“周一互动情感”“周二游戏大直播”“周五你点我来唱”等，让粉丝立刻了解你的风格，从而愿意主动关注，并形成持续化。

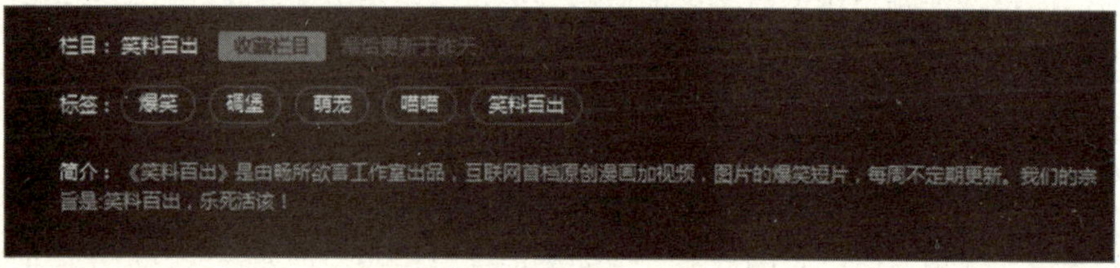

图 15-1　视频介绍设置

不要小看这短短的近百字，一个账号的基础简介，一段视频的集中说明，都会在此快速展现。甚至，我们还可以添加个人微信号，一旦粉丝感兴趣，就会通过这段说明直接找到我们。

例如我们可以将自己的微博、微信号写入简介，这样当粉丝产生兴趣时，除了会关注你的视频直播账号，还会迅速找到你的微博地址，从而成为你的铁杆粉丝，达到引流的效果。

15.3　直播评论引流技巧

很多电商新手抱怨，为什么直播评论引流并没有像传说中那么实用？其实，我们更应该反思一下，我们的直播评论，值得大家关注的内容在哪里？

与众不同的地方又在哪里?

其实，直播评论与QQ空间、朋友圈评论功能类似，你对直播长篇大论显然不切实际。那么，直播评论引流的技巧有哪些呢?

1. 借助昵称评论引流

自己的直播粉丝不足，可以借助直播大号评论的力量实现引流。

第一步，注册直播小号，昵称与网红、明星等直播大号类似。

第二步，使用大号直播，用小号评论。这种使用名人效应的方式，可使你的直播涨很多粉丝。

第三步，生产优质的内容巩固新涨的粉丝。

由此一来，昵称的引流作用就显而易见了。

2. 直播大号评论引流

如果没有足够的粉丝，我们就需要思考一下，粉丝去了哪里?

对直播来说，很多人的起点很高，付园慧的直播1000万人在线热聊，还有很多直播网红每次直播粉丝不下百万人，这恰恰为我们评论引流带来了契机。

第一步，进入直播大号聊天室。

第二步，在名人直播提问时，使用我们的直播大号，经常性地做出回答，实现互动，引起关注。

第三步，适当地给名人送点礼物，刷刷存在感，向名人提问，寻求答案，名人一旦做出回答，我们的账号引流也就可以充分享受名人效应了。

第四步，仔细聆听名人直播，寻找适当的时机，推广自己的直播号。例如我们可以在付园慧直播时，评论说“我也是游泳爱好者，平时会直播一些相关干货，有兴趣的可以关注我”。

3. 与粉丝的评论互动

我们在直播时，可以找几个好友评论一下，为我们创造机会，介绍自己的直播房间的内容及形式。好友以评论的形式提问，而我们直播回答，往往会鼓励更多的人向我们提出问题，这不仅是与粉丝的互动，更是借机宣传自己的直播账号。

当大家逐渐参与你的直播讨论时，切忌前期在讨论中加过多的广告营销元素，否则积累的人气会毁于一旦。

15.4 直播内容简介引流技巧

越来越多的人加入了直播，甚至还有人以主播为职业。在竞争如此激烈的直播平台上，电商新手要想占有一席之地，必然需要经过一番苦战。其中，直播的预热过程是必不可少的。用内容简介对直播引流，有哪些技巧呢？

1. 拟一个吸引人的标题

标题的重要性自然不用多说，具有先声夺人的作用。我们的内容简介，要想激起大家的观看欲望，引爆式的标题也是必需的。

第一步，直击大家的痛处。例如马云也曾和我们一样、王健林也曾这样做等。

第二步，巧设疑问句，引起大家的思考。例如为什么你不是千万富翁、你难道没有想过成为下一个“打工皇帝”吗？

第三步，把粉丝带入标题创造的场景中。例如你一直在犯的错误，自己却没有觉察。

2. 留好小尾巴

在众多的直播平台中，很多人想看直播却不知怎么看。如果我们在做内容简介的时候，插入直播地址或者直播房间的网址，有兴趣的人就可以直接点击观看。所以，简单便捷的操作方式更利于吸引粉丝的关注。

3. 找准直播噱头

平淡无奇的内容简介，总是难以激起波澜，我们可以借鉴电影的宣传，在最精彩的地方适可而止。

第一步，对直播内容的介绍截取精彩的内容片段，简单概括一下。

第二步，联系一下时下的热点，把热搜关键词嵌入介绍中。

第三步，找准时机，提前预热。

做好直播内容简介相当于迈出了重要的一步。因此，播主想清楚什么样的内容简介更吸引大家，并且掌握时下的热点内容，才能在直播引流过程中做到事半功倍。

15.5 直播 + 网红，全渠道引流变现

直播，堪称网红引流的好方法。大多数网红曾发起过“直播秀”，尤其张大奕，更创造过淘宝直播秀的纪录：观看人数超过 41 万，点赞数超过 100 万，两小时内成交额近 2000 万元，客单价近 400 元，刷新了淘宝直播间引流的销售纪录。

所以，直播 + 网红的模式越来越成为引流变现的重要渠道，无论淘宝、社群还是微商，直播都是必不可少的运营策略。

1. 视频直播，做好预热

之所以选择直播模式进行流量变现，就在于在这个“有图无真相”的时代，单纯的图文模式已经很难唤起粉丝的激情，必须借助更具真实感的直播动态，让粉丝看到更真实的自我。社交理念正在进行新一轮的升级，过去单纯的关注模式已经落伍，粉丝更愿意与网红进行深层次的交流，如直接语音对话、弹幕实时互动等，从而实现“零距离”的接触。

网红发起直播的方法很简单，只需打开任何一款直播 App，就可以快速发起一场真人视频秀。但要想做好一场成功的视频秀，我们必须做好各种相关准备，尤其是主题的规划。

在发起视频直播的前一周，网红应当在微博等平台上做出预告；正式开始前三天，公布本次直播的流程、时间分配，第一阶段与粉丝分享什么、第二阶段会有什么互动环节、第三阶段会有哪些嘉宾登场。同时，给粉丝留个悬念：直播中会有什么彩蛋。到了直播当天，在社群各个平台不断发布“倒计时”，以此提升粉丝的参与度。具体如图 15-2 所示。

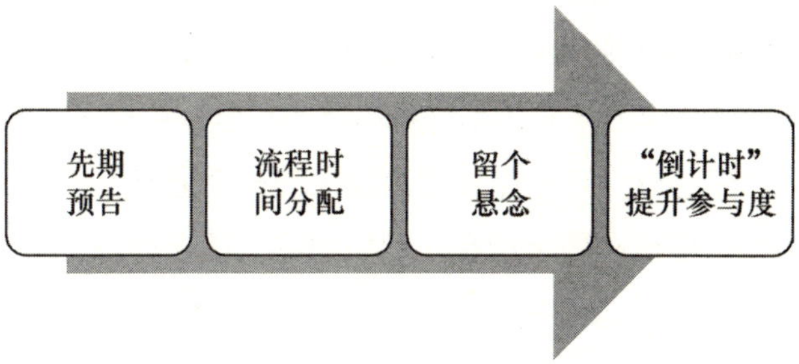

图 15-2　视频输出的预热流程

一场没有任何准备的直播秀，必然流于表面，没有多少具体内容可以与粉丝分享，仅仅十几分钟就不得不宣布结束。这种直播秀对网红的引流变现没有丝毫帮助。所以，在开启视频直播秀之前，想好能够给粉丝带来什么干货，同时能够在哪些平台上快速推介，第一时间吊起粉丝的胃口，这样才能打造一场活跃度极高的视频直播。

例如在微博平台上，非常高人气的网红梁欢每次进行视频直播前，都会详细地说明活动开始的时间、活动的话题组成等，让粉丝明白自己的观点是什么。因此，梁欢的粉丝在网红界是忠心耿耿的，也是有活力的。

2. 社群平台全引流，让变现最大化

社群的意义毋庸置疑，它是粉丝的聚集地，更是网红传播自我、实现电商变现的最佳渠道。尤其是微博、微信、QQ、贴吧等，这都是不可或缺的引流渠道。

当然，没有一个网红，可以做到每天在不同的平台上开设直播频道。所以，社群平台的最大意义，在于引流——将不同社群的粉丝集中起来，然后统一进入某个视频直播平台，这样网红才能做到集中精准化传播，实现渠道的变现。

因为社交软件的开放性，所以越来越多的平台互相打通了入口，如斗鱼，可以一键将房间发布到微信、微博、QQ 群、论坛等，所以在直播开始时，网红一定要将信息一键发布到所有社群平台上，最大限度地吸引粉丝进入。

那么，既然是直播变现，我们在直播中需要做好哪些细节？

（1）与粉丝的互动。直播互动是网红与粉丝沟通的核心。所以，即便我们有产品需要推介，也不要忘了：粉丝不是单纯地收听广告的人。做好互动，才能积攒人气，为变现建立基础。过于赤裸的商业推广，只会让粉丝感到乏味，选择退出，甚至成为“黑粉”。

（2）“润物细无声”的推广。真正优秀的推广，应当是摄人心魄，而不是强买强卖。直播过程中的推介，不能是单纯的“电视购物”，一味地在介绍产品、吹嘘产品，而是应当让产品成为直播中的一个道具，一个场景中必不可少的环节。例如想要推介美妆产品，最佳的方式就是为粉丝上演一场“美妆秀”，让粉丝看到网红的变化。这样一来，产品既成了一种直播的互动环节，又能够吸引粉丝的注意力，这样再进行引导变现才更有说服力，更有“润物细无声”的效果。

第 16 章
课件与讲课引流技巧

16.1 课件引流

对一些在社群里或者线下讲过课、做过培训的人来说，通过课件、讲课引流，是非常不错的方式。因为不管是讲课，还是课件，传递的都是知识，通过知识吸引来的粉丝是非常精准的。那么，如何通过课件引流呢？

1. 课件的 3 个细节提升引流效果

在引流方法中，我讲了互推引流、讲课引流、集赞引流、微信群引流等，这些引流方法都可以用到课件中，也可以算课件引流的一部分。

在这里我主要讲如何通过在课件中留联系方式引流。只要你的课件有价值，传播的粉丝一定非常多。在传播的过程中，我们可以通过 3 个细节提升引流效果。

（1）**在课件正文留下联系方式**。可以在课件的多个地方留下联系方式，曝光率会大些，如加水印、脚注等。联系方式可以留微信号、手机号或者二维码。

（2）**设置密码**。可以设置文档的密码，防止课件在流传的途中被人篡改，如果不设置密码，你的联系方式就容易被删掉，减弱了引流效果。

至于设置密码的方法，我简单介绍一下 WPS 中设置密码的步骤。

① 如图 16-1 所示，在文档中找到“工具”选项。

② 如图 16-2 所示，在工具选项中找到“限制编辑”选项。

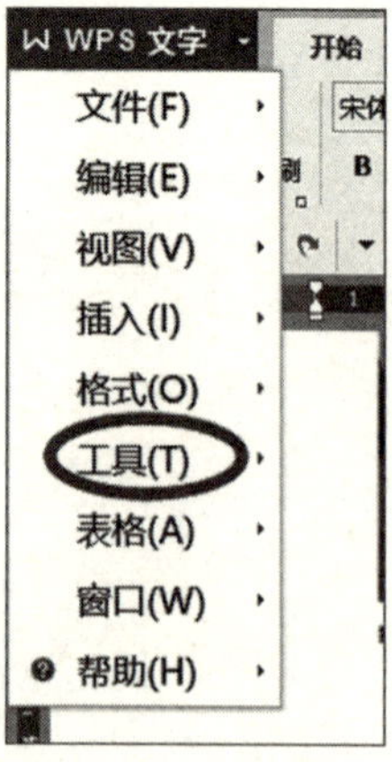

图 16-1　工具选项

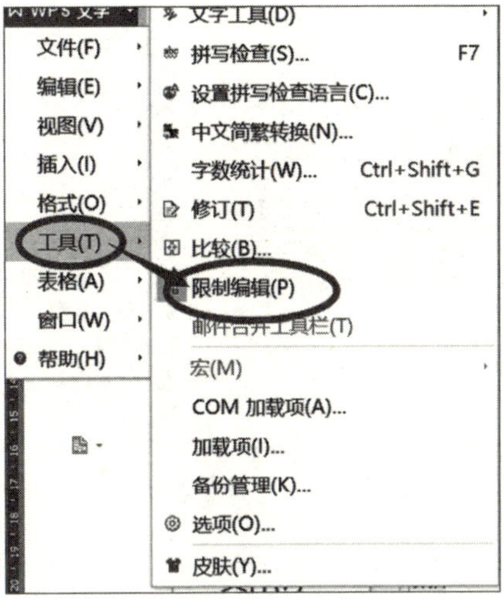

图 16-2　限制编辑选项

③ 如图 16-3 所示，点击“限制编辑”选项后，会出现一个界面，找到限制，然后勾选设置文档的保护方式。

④ 如图 16-4 所示，我们选择填写窗体选项，并点击“启动保护”。

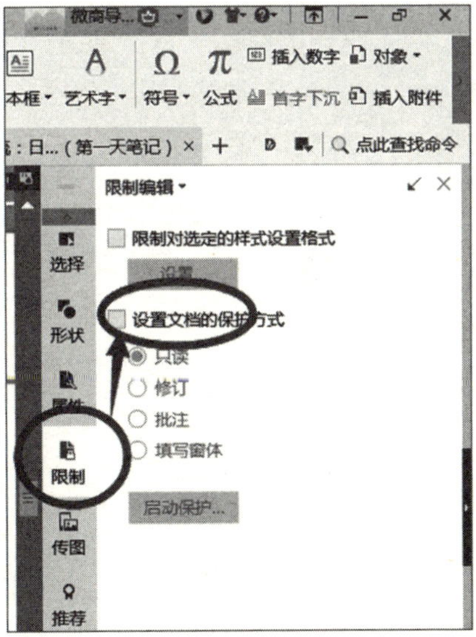

图 16-3　设置文档的保护方式

图 16-4　选择填写窗体选项

⑤ 如图 16-5 所示，设置密码，并点击“确定”。

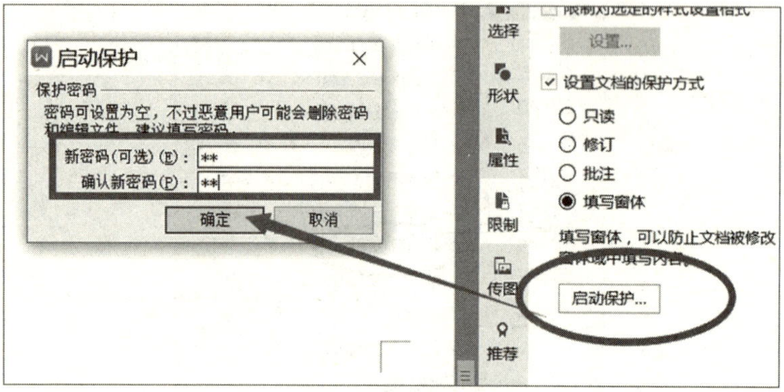

图 16-5 设置密码

（3）**转换成 PDF 文档**。Word 文档、PPT 文档等是可以修改的，在引流过程中可能会被别人删除联系方式，无法进行二次引流。而 PDF 文档是无法删除联系方式的，有利于引流。那么如何将 Word 文档转换为 PDF 格式呢？

同样在 WPS 文档的左上面有个 PDF 文档的标志，如图 16-6 所示，轻轻一点就会弹出对话框。

图 16-6 找到 PDF 文档标志

然后选择文档的保存位置，点击“确定”，如图 16-7 所示。

系统会自动导出并保存完整的 PDF 文档，这样不容易被篡改的 PDF 文档就形成了。如果课件是 PPT 格式，可以将 PPT 文档的图片保存到 Word 中再转变格式。

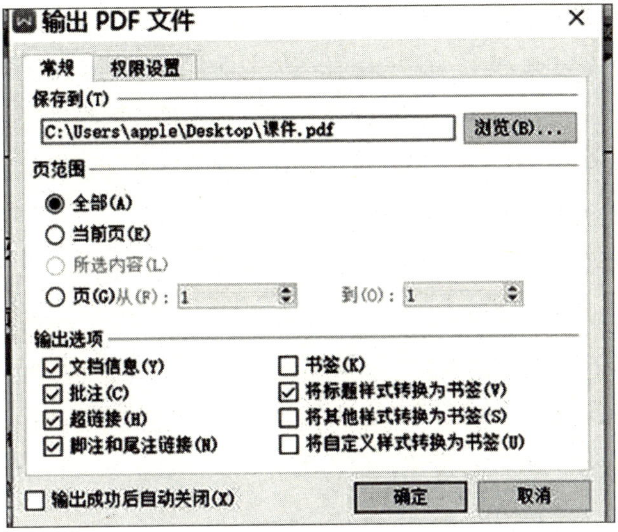

图 16-7　选择文件位置并确定

2. 课件的八大用途

有人问课件有那么重要吗？引流过程中别人愿意传播吗？

答案当然是肯定的。在微商行业，对品牌方和团队长来说，课件确实非常重要。在我的课件不到 1000 个的时候，已经有人愿意花 9800 元购买了，刚开始我免费送给大家一部分，只是想引流，后来有人想花钱把我的全部课件买走。对我来说，课件是无价的，它蕴含着宝贵的知识，我当然不会卖课件，但这也让我充分认识到了课件的重要性。我觉得课件有以下几种用途。

（1）可以作为一个载体来引流，只要课件有价值，就有人关注我。

（2）一些非常宝贵的课件，可以让新手在很短的时间内成为行业高手。知识是无价的。

（3）做培训和讲课时，课件非常重要。

（4）可以把课件当作激励内容，送给需要的人。

（5）做自媒体的时候，可以作为素材使用。

（6）可以上传到百度文库及一些专业论坛等引流。

（7）可以在营销和推广时，作为干货放出。

（8）交换资源。可以和其他有课件资源的人交换，互相学习。

3. 用课件截图，增加你的裂变魅力

在课件流传的过程中，大家在看见你的课件提供的价值的同时，也会看见你植入课件的其他信息，如何让别人有立即添加你微信的冲动？如何让别人相信你有足够多的干货、足够多的课件？当你向他展示课件截图，他相信之后，会毫不犹豫地添加你为好友，并且建立信任。

添加你为好友之后，粉丝为了拿到这些课件，会愿意帮你转发文案到他的朋友圈，让更多人添加你，找你索要课件，真正让课件引流发挥到极致。

所以，要在课件里植入截图证明你有哪些课件，大家都相信自己看到的，如果直接说自己有 3000 个课件，大家没感觉，但截图就可以证明一切，粉丝也马上确定你的课件有价值，值得他马上找到你。如图 16-8 所示，为笔者个人的部分课件截图。

图 16-8 部分课件截图

16.2 免费公开课裂变法

因为免费，很多人愿意来听课，并介绍其他想要学习的人一起加入。下面是操作的具体流程，在不同的引流情况下可以灵活变通。

（1）向粉丝解释开公开课的原因，能够带来什么价值等。

（2）向粉丝展示价值，展示公开课将要讲授的内容等。

（3）公布在公开课过程中会发放哪些福利，以吸引粉丝前来听课。

（4）制定规则，必须限时、限人数。

（5）设置一定的初级门槛，筛选粉丝。很多人可能是因为好奇而来，他们不是真正的粉丝。

（6）筛选完成后，对粉丝进行初步分组，并设置标签。

（7）建立一个新的群，把筛选后的粉丝邀请进来。

（8）发布群公告，引导这些粉丝转发你的公开课文案，引导新的粉丝加入。

（9）继续公告公开课的价值和公开课开讲的时间。

（10）向帮助你引流的新粉丝兑现福利，以给他们充足的信心。

（11）准时开课，并呈现有价值的内容。公开课产生的影响比较大，所以一定要有价值，这样粉丝才会留存下来。

通过这些步骤，不出意外的话，我们可以吸引至少上百人成为我们的粉丝。而你的形象，通过公开课得到了传播，个人 IP 的打造就更进了一步。

第 17 章
销售信与软文引流

17.1 销售信引流与成交

销售信是销售成交的一种方式，它在引流的同时，能极大地促使粉丝快速成交。虽然销售信在国内的使用范围不广，但经过很多人实践，以及我自己的亲身实践，我觉得它是一种很有价值的引流与成交的方法。

销售信的表现形式，并不一定就是信件、电子邮件，它可以是任何一种销售形式，如它可以是 PPT，也可以是视频，还可以是对话，更可以是一篇让人激动而想成交的自媒体文章。

其实，销售信是文案的一种变体。它能吸引粉丝，并促成粉丝成交的根本原因离不开文案的几大要素：有吸引力的标题、抓住注意力的开头、解决信任、促成成交。

1. 有吸引力的标题

一个好的标题，有时候胜过正文的内容。一般来说，好的标题要有 4 个功能，分别是吸引粉丝的注意力、筛选读者和受众、传达完整的信息和让粉丝阅读正文。如果这 4 个要素都能达到，那么你的销售信基本上大功告成。

其中，吸引注意力和筛选读者是同步发生的，吸引注意力在于吸引谁的注意力，而这个“谁”，就是你想筛选的粉丝。

之前我做了一些可以借鉴的标题模板，其实也可以用在销售信中。在这里，我举几个例子。

（1）免费体验……

（2）如何……最快、最简单的方法……

（3）千万别买……直到你已经……

（4）来自……客户共同见证的……

（5）一个……的人如何通过……怎么可以做到……

这些标题的模板可以灵活套用，也可以改造为更适合自己的产品与内容。

2. 吸引注意力的开头

你的标题吸引粉丝打开你的文章阅读后，如何才能保证他耐心看完一篇文章呢？当然是吸引他一步步往下读！那正文的第一句或第一段就显得极为重要。稳妥的做法是，第一句或第一段，就要激发粉丝的好奇心，制造期望感。

- 有个秘密，我反复思考，要不要告诉你。最终决定……还是透露给你，不然我心里堵得难受。

……

类似这样的开头，是不是让人很有欲望读下去？想要了解到底说什么？如果能有这样的效果，粉丝就已经进入你的思维模式了。所以好的销售信的开头，应该能够激发粉丝的兴趣和好奇心，让他们想知道后面到底是什么。而要吸引他们继续读下去，就需要不断制造悬念。

不过，很多人在制造悬念的时候，往往忘记了承上启下，后面的内容与前面的铺垫脱节了，这是一定要避免的，否则粉丝会有受骗的感觉。

此外，设置悬念、引起好奇等方式，一定要简短，不能过长，否则粉丝会失去耐心。

3. 解决信任

在销售过程中，解决信任的方式一般来说有两种：一种是在生活中，通过彼此相处，成为朋友，建立信任；另外一种是通过激发情感共鸣获得认同与信任。而激发情感共鸣最快的方式，就是情景化映射，让粉丝体会你的感受，以你的思维方式思考，然后用一些东西论证你说的是真的。例如通过客户见证，买你产品的人先是如何，后是如何，你为什么做这件事情，是怎么规划的等。这相当于给对方讲了一个故事，而故事是最能感染人的。通过这样的方式，解决粉丝的信任问题就非常轻松了。

4. 促成成交

当获得了粉丝的共鸣后，最终的目的是销售成交。任何销售信，如果最终不能达成成交，那就说明销售信是不成功的，毕竟销售信的使命就是成交。一般来说，促成成交比较好用的方法有如下几个。

（1）**制造稀缺感**。很多时候，人总是对稀缺的东西充满兴趣，当对方感受到某种东西比较稀缺的时候，他的购买意向会非常强烈。

（2）**限定时间**。一般来说，时间期限能给人紧迫感，如某种东西错过了最佳时限后就不再销售等。时间限定和稀缺感很多时候是融合在一起的。

（3）**提供福利门槛**。如购买该商品后，你会得到哪些福利，这些福利给人的感觉是增值的，非常划算。当然，这些福利必须成交后才有可能得到。所以，门槛与稀缺感也是紧密相关的。

（4）**客户见证**。当对方有些犹豫的时候，他很可能是顾虑成交后未来的保障，这时候让对方看客户见证的视频、图片、文字等，会强化对方的成交信心。

总之，销售信可以用灵活的形式，但核心要素一定要具备，这是促成成交的关键。我个人就实践过多次，如在写这本书的时候，我就用销售信促成了一次成交，摘取一部分供大家参考。

古有“十年磨一剑”，今有我九山用8年时间做互联网营销实践。我深知网商人的引流痛点，引流这件事情是我未来坚定不移要做的，我也一定会做到极致。书出来以后一定会用独特的方式帮助更多人一起成长。这本书也是我的一个新起点，我想在书里留下你的影子，未来，由你陪我一起见证！

××元联合出品人：尊享九大超值福利

福利一：新书内页展示联合出品人微信号，获得联合出品人称号。

福利二：获得一本新书及王九山老师亲笔签名和专属祝福语！

福利三：高品质VIP书友会名额一个，可以参加我们组织的活动。

福利四：请你进九山私人群，为你提供500个高端资源，获得更多合作机会。

福利五：专业指导，为你提供更多好玩的运营策略和资源（九山顾问费××万元/年）。

福利六：给你推荐九山的微信和公众号，以后在讲课互动的时候给大家推荐名片。

福利七：送线上 3 天课程，通过微信群授课引流秘诀，价值 ×× 元，名额一个！

福利八：获得“脱白微营销”课件 99 套，价值 ×× 元。

福利九：获得九山联盟会员一个，价值 ×× 元。

温馨提示：名额限制，仅剩下最后几个联合出品名额，所以行动就在现在！

17.2 软文引流的优势

从未接触过营销的人，对“软文”一词是费解的：文章虽有水平高低、题材不同、体裁相异，但何来“软硬”之分？其实，软文之所以成为独特的文体，其精妙之处就在于名称中的“软”字。好的软文，如同绵里藏针、含而不露，当你终于意识到眼前的其实是一篇引流文章时，已然落入了精心设计的内容中，换来的是会心一笑，并就此记住了引流内容，进而成为该软文作者的粉丝。

软文有很多特点，了解了这些特点，我们就能深刻体会软文的价值。

1. 成本低，性价比高

我们知道，早期脑白金的营销策略是主打软文营销，首先选择权威报刊刊登有关新闻软文。这些软文表面上是科普知识和科技新闻，如《人类可以长生不老吗》《两颗深入原子弹》等，实际上迎合了消费者的心理，普及了产品概念。随后，又继续以科普知识吸引粉丝，并找准时机，刊登启事，用软文制造新闻，表示能够向粉丝提供咨询，从而吸引粉丝前来了解产品。

软文成本低的优势，具体体现在以下几点。

（1）**推广影响大**。不管是在线上还是在线下，特别是在微信公众号中，阅读粉丝众多，跨越不同年龄段，覆盖不同职业。软文能用较少的钱让更多人了解到产品信息。

（2）**营销竞争对手少**。一般而言，软文刊发不会消耗传播媒体太多的资源，也就不会引发激烈竞争导致价格上升。

（3）能引发全国性热点。如果软文写得好，现在自媒体传播非常快，个人转发再加上自媒体大号转发，就能引发一波热潮，并且其传播成本几乎为零。

2. 容易传播、易于接受、流传时间长

软文易传播、易接受、流传时间长的优势，源于以下特征。

（1）内容。软文内容大多经过巧妙设计，与硬性广告的直接表述相比，具有较高的文学性和感染力。其语言多变，可文学艺术化，可口头自然化。其文体风格不一，从新闻、故事到对话，都能承载软文营销的内容。并且软文中通常会有具体人物及其际遇，可以引发受众的"代入感"和"角色感"。最后，软文描述事件或贴近生活现实，或符合粉丝的理想期望，或打破常规制造荒诞，能让读者产生有效的阅读记忆。

（2）人性化。软文广告比硬广告更符合现代人的心理追求和审美取向，实际上具备了人性化营销的内在力量。软文努力与受众拉近心灵距离，比硬广告体贴消费者，更有"人情味"。而以介绍知识、分享经验、普及产品功能为内容的软文，能够为普通粉丝完善知识结构，满足其生活和工作需要。并且软文中提供的链接以及形成的互动，能对有相似需求的人群加以聚合，并可以为引流奠定基础。

3. 传播持续性强，有延伸效应

软文能够通过互联网等平台做到广泛传播，还会由于其内容风格、策划方式等，形成持续性强的延伸效应。在软文发表一定的时间后，以粉丝名义写一些关于软文的读后感或评论，促进交流，并吸引更多新粉丝阅读，能形成再次传播。

17.3 软文引流营销的形式及技巧

前面介绍了一些软文知识，下面详细讲讲软文引流营销的细节内容。

1. 出彩的标题

任何文章，标题都是最先吸引粉丝的一个要素，软文要想吸引粉丝，标题必须出彩。那么，如何设计出彩的标题呢？

（1）常见软文的标题设计。常见软文的标题设计，我们应该从以下角度着手。

① **以“新”诱人**。越是传统行业中的产品，越是应该用打破传统的手法吸引粉丝。有新奇感的标题，能够引发轰动。可以采用下列关键词，如领先、创新、风生水起等。例如《让中国人感动的音质，率先步入全媒体时代》（某智能手机软文）。

② **以“秘”示人**。在粉丝眼中，一些行业似乎已经没有秘密，但如果软文标题能结合内容，打造出对该行业内幕的“泄密”感，就能吸引粉丝从另一个角度了解行业，如《大学生群体热衷创业，竟然是因为这个》。

（2）呼吁式标题。淘宝、京东等电商直接面对个体消费群体，因此，采取类似直接呼吁的标题，能够起到很好的作用。如《春天，和自己来个浪漫约会吧》是某款香水在淘宝店铺上的软文标题。如淘宝论坛上一篇关于移动硬盘的软文标题是《删掉这些经典电影太可惜了，买个硬盘珍藏》。

（3）提问式标题。在电商网页上，常见的是对产品功能的描述、性价比的夸赞，或者美轮美奂的图片。但如果突然出现意想不到的提问，反而不再让粉丝被动接受，而是深度思考。我们可以指出粉丝在现实中面临的困境，启发其想要解决的愿望，如《家里灰尘总打扫不干净怎么办》实际上是一款手持迷你吸尘器的软文。

上面说的是一些常见的，商家可以用的标题。由于微商的发展目前主要集中于微博、微信平台，如果标题能有效打动粉丝，就能获得其关注，带来精准而长远的粉丝流量。所以，微商在引流过程中标题可以使用下面几种方法。

（1）搜索关键字打造标题。在设计微信软文之前，结合百度风云榜或微博热门榜搜索关键词，确保能够吸引粉丝。

围绕产品或服务，设定关键词，如“江西挖掘机”。

在百度搜索下拉框中进行搜索，字数应该控制在 8 ~ 15 个。

根据百度搜索推荐的关键字，加以组合，设定为软文标题。

（2）名人效应。微信公众号中软文标题内提到的名人，越是出名，吸引力越大。这种以名人作为背书的标题文章，转发率较高。

（3）打破常规式。由于微商推广传播的平台大多集中于自媒体，而自媒体因其受到的限制较小的优势，经常能够发出特立独行的“非主流声音”。因此软文标题可以使用这个特点，着重进行打破常规式的设计。如《结婚，女人到底得到了什么》，实际上是一则关于女性职业交流网站的软文，却从对婚姻和家庭意义的“质疑”开始，令人耳目一新。再如《热水给苹果洗澡，居然会“流血”》，这是某果蔬清洁精的软文，打破了粉丝的日常知识层面，重新灌输产品价值和培养自身需求。

2. 合理的框架内容

软文除了标题，内容布局也很重要，很多人写软文并不清楚该如何布局内容，我们上学的时候学过，作文写作有 5 个要素，即时间、地点、人物、事件、经过。软文写作如果能把这 5 个要素处理好，就是一篇成功的软文了。

当然，现在大家在写作过程中，一般用的布局模式是 5W 布局法，即时间（When）、地点（Where）、事件（What）、原因（Why）、过程（How）。

（1）**时间（When）**。如果是写活动、事件等软文，一定要写清楚时间，如果写不清楚时间，那么公开课基本就失败了。

（2）**地点（Where）**。具体地点是在线上还是线下，是在微信群还是 QQ 群，或其他直播平台，这个要说清楚。

（3）**事件（What）**。具体要做什么事情，是要举行公开课，还是要做活动，要说清楚。

（4）**原因（Why）**。举例来说，在《为什么引流是微商的命脉》中，为什么就是要呈现引流的重要性。任何有需求的市场都是痛点，需要引导粉丝关注。

（5）**过程（How）**。具体怎么做，要告诉大家操作的步骤和方法，特别是一些实用的内容，要说清楚，并且要有逻辑，这个非常重要。

3. 软文的结尾与激励措施

软文的目的是粉丝转化，吸引流量，甚至是成交。所以在软文的结尾，要把你的福利亮出来。

你可以用语言鼓励粉丝转发，这样你的文章的阅读量就会增加。

你可以引导粉丝添加联系方式，你可能收获一些粉丝。

你可以引导成交，销售是软文永远的追求。在文章中也要做隐形铺垫，为成交做准备，引起对方的好奇心，或要满足的欲望。

最后，我说说坚持的力量。不要想着一篇文章能给你带来上万个粉丝，特别是新手，初期发布的软文可能一个粉丝也不会有。但你只要坚持，当你的软文爆发式传播的时候，你才知道付出的都是值得的。

有人说坚持21天，就能养成一个习惯，你如果能把坚持写软文当作一种习惯，那获得成功就是轻而易举的事情了。

17.4 软文如何巧妙植入营销信息

软文的传播平台很多，但与微博、电商等社会化营销平台相比，作为私人社会关系空间的微信，天生存在劣势：受众认为朋友圈不应夹带利益信息，对明显的商业营销活动更为反感和不满，这要求微信软文要有良好的框架结构和表达方式，能在不知不觉中影响粉丝。

如何运用写作技巧，通过简短的语言文字植入营销信息？我觉得可以从下面几个方面入手。

1. 正文标题

微信营销软文需要有非常吸引人的标题，其特点在于富含关心朋友的情感，并可以唤起他们的好奇心。

常见的微信软文标题有以下几类。

（1）**分享**。让微信粉丝感到快乐并想要进一步拥有利益。如《朋友们，你符合领取这些礼物的条件吗》，事实上，就算他们不符合条件，也会有人想办法获取资格。

（2）**好奇**。如果粉丝感到好奇，也会阅读软文去找到答案。如《我的猫居然想要开汽车》《所有的文案，都逃不出这6扇门》等能带来广泛的流量。

2. 制造悬念

为了引导粉丝认真地从文章开头阅读到营销信息部分，你必须能够在微信软文中使用悬念激发其好奇心。

在文章的开始，可以写一段能够引起期待的文字，既可以是问题，也可以是困境，或者是个人经历，也可以是愤世嫉俗的批评或令人捧腹的故事，这些内容都能形成心理上的未知感。

（1）**寻求帮助**。开篇部分就提出自己遭遇的困难，在文章最后结合产品加以解决。如情人节买什么礼物才能获取女友的欢心等。

（2）**组织竞猜**。在文章开头部分描述价值，如食物的美味、衣着的新颖、化妆品的见效神奇，让粉丝为该价值设定心理价格，并在文末公布购买途径等营销信息。

（3）**逆转模式**。整篇文章都是微小说形式的故事，在文章末尾使用故事道具、情节插入营销信息。

3. 价值打造

粉丝需要了解的是价值而非产品。在软文中不要急于揭示产品是什么，而要告诉价值的体现。

为了打造好一块香皂的价值，某软文花费笔墨写了香皂的原料是日本某活火山灰，经过了几千年的沉积，历史上的一代代工匠怎样使用活火山灰精心研发了产品，经过了多少道工序，几百年的传承，只是为了能够帮助你彻底清洁毛孔。这样的价值打造让人们认识到自己购买的并不仅仅是香皂，还有美容价值。

4. 催促行动

不少软文最容易忽视的恰恰是这个部分。即便粉丝通过你的文章了解到价值所在，但他们的习惯性拖延会耽误购买行动。不妨在文中借他人或专家之口，以积极明确的文字，催促粉丝尽快采取行动。

例如在某时间参加某地的活动，或者点击在线表格，或者直接私信联系等，推动粉丝完成下一步行动。不少软文在文末插入了二维码，粉丝只需要长按二维码就能进入在线购买的网址，这也是行之有效的方法。

5. 主动承诺

在微信软文中，如何避免朋友圈或公众号粉丝因为透露商业营销信息引发信任缺失？最好的办法在于主动承诺。

（1）**告知服务途径**。对方拿到产品后依然能够从你的联系方式中获得帮助。

（2）**货到付款**。不要在软文中提到款项支付，而是将货到付款条款明确列出。

（3）**全额退款**。用小故事或相关信息向粉丝暗示，一旦对产品不满意能够全额退款。

（4）**问答帮助**。以粉丝提问和你的回答，将一系列问题解释清楚，如使用问题、配送问题等，你考虑得越清楚全面，粉丝越放心和满意。

17.5 新闻热点借势引流

现在的自媒体非常看重新闻热点，因为新闻热点预示着巨大的流量，如果能将新闻热点应用到自己的软文中，引流效果会非常好。特别是在软文导语中植入新闻热点，效果更好。在导语中植入新闻，可以使粉丝感到文章更真实可信，并借导语热点内容更大限度地提起粉丝的兴趣。

在实际操作中，不可能所有软文都能找到完全契合的新闻热点，这需要写作者按照以下两种情况进行区分。

1. 新闻热点与产品有关

如果公司业务或产品和当下发生的新闻热点相关，那么自然能够很好地以导语作为切入点：使用粉丝感兴趣的新闻导语揭示主题，再潜移默化地将想要介绍的内容表现出来。

（1）导语介绍人物和企业新闻。某些产品由于所处行业的特点，粉丝看到的只有大量枯燥的数据、术语、型号和功能。不妨以新闻导语描述产业中著名人物的近况，从而开启后文和产业有关的故事。

除了介绍人物，还可以介绍行业中著名企业的情况，随后再以“追随效应”“预测效应”暗示所宣传品牌并不弱于该企业。例如“随着春节来临，上海本土著名超市推出了 ×× 优惠打折活动，据悉这项活动已经在上海保持了十年”。该导语结束后，笔锋一转写道：“在我市，也有这样一家微商，坚持在节日期间为消费者带去最好的优惠……”

（2）导语介绍行业新闻。一家企业不仅关系着生产方、营销方和消费方，还处于庞大的国民经济体系中，面对市场和社会，企业内发生的一切或多或少受到行业的影响。尤其是那些同产品直接联系的行业变化，在文章中能更有效地展现其带来的不同。

在某美容品牌的营销软文中，写了这样一段导语：“2016 年 4 月，中国美容意见领袖与中韩自贸区美丽产业园、代颜网正式签署三方战略合作协议，标志着一场由政、企、行业组织联合打造的大型行业活动拉开帷幕，中国美容意见领袖活动上升为国家高度……”这段导语写的是整个行业的新闻，粉丝会因此希望了解更多而被引流。

（3）**导语介绍产品新闻**。新疆某地的苹果产量猛增，销售渠道建设不足，引发一定的滞销风险。面对这种情况，一家电商的销售策划团队在推出的软文中写了下面的导语：“苹果产量猛增，农户理应高兴，然而，近日新疆×县的普通果农陷入了烦恼中……”

软文中随后的内容从该地苹果口味特点出发进行了介绍，同时选取了特例，介绍果农可能面对的困境和由此造成的资源浪费。软文发布在互联网平台后，很快提升了销量。

和产品有关的新闻，包括产地新闻、生产者新闻、销售者新闻等，只要具备一定的新闻价值，就可以放入导语内容。

2. 与新闻热点无关如何引流

微商自身的品牌价值、产品和服务有可能无法和任何热点直接联系起来。在这种情况下，我们可以仔细找到某个潜在的联系甚至只是某个切入点来设置联想环节，表现出细节特点。

（1）**写产品的使用情境**。产品本身可能是一成不变的，但产品的使用情境会千变万化，写作者对此加以推想，就会发现细节联系，并应用在导语描写中。

（2）**借用类似事件**。消费者对产品的关注、使用或维护、更换等行为，都可以理解成其生活中发生的事件，要想令他们意识到事件的价值，可以借用类似的热点事件进行联系。只有找准事件之间的共同点，软文从导语到内容的过渡才会显得自然、可信。

在某儿童防走失手表的软文中，新闻导语这样写道：“前日，著名女星××在机场低调出现，身边伴有一对儿女，××辣妈风范十足，自始至终紧紧牵住小女儿……”

这是明星和普通人都会经历的事件，因此作者继续写道：“在普通人生活中，也有过生怕孩子走失而如此紧张的时刻，与其这样，不如考虑从市场中挑选一款可靠度高的儿童防走失手表。”

在使用事件的相同点时，需要把握好分寸，不要过分夸张，否则会令粉丝感到联系不当，无法引发共鸣。

第 18 章
线下引流

问答平台
百度系
腾讯系
自媒体平台
分类信息平台
门户论坛
搜索引擎推广竞价
博客/微博平台
新闻门户平台
视频平台
品牌推广
口碑营销
百度霸屏
大V/IP打造
引流裂变
王
九
山
知
贴
悟空
搜狗问问
文
头条
搜狐
大鱼号
网易号
58
百姓
列表网
liebiao.com
西祠胡同
天涯
妈妈网
360搜索
搜狗搜索
Google
新浪新闻
網易新闻

18.1 微商行业大会引流

微商要想有所突破，得到进一步发展，就需要借助招商会的力量。而且很多微商采用线下招商会的方法整合粉丝与资源。

1. 参与各种行业内招商会引流

很多地方会定期举办不同形式的招商会，并有媒体参加，这对引流来说，是个不可错过的好机会。例如在微商行业内，每年举行的重要活动有世界微商大会、美博会、千人大会、万人大会等。参加这些行业会议，既能提高知名度，又能引流粉丝、找到新的机遇和合作伙伴。

具体来说，如何做好行业内的招商会引流呢？

（1）**准备展报和宣传册**。我们可以找专业团队设计制作展报，把自己的商品和个人信息展示出来。现在微商是团队化运营，美工可以设计符合本团队风格的展报和宣传册，加上二维码，以便粉丝关注。

（2）**参与招商会的工作人员统一着装，衣服上印微信二维码，还可以准备小礼品**。例如给大家准备些矿泉水，印上你的联系方式，通过这些小成本的宣传扩大影响力。

（3）**积极宣传商品品牌和功能，切忌直接推荐商品**。团队成员可以分工合作，各自负责一部分，这样就能形成合力。

事实上，精准领域划分的招商会，就是为精准引流搭建的一个最合适的平台，只要充分使用，必然会产生很好的引流效果，不仅可以吸粉，甚至可以成为合作伙伴。

2. 自办招商会引流

作为效果显著的线下引流方式之一，招商会是我们不可错过的模式。而除了参与他人的招商会，还可以自办招商会，进行更有效的商品宣传。

（1）设计展报和宣传册，把自己的联系方式和微信二维码放进去，为大家提供关注你的渠道。

（2）招商会开始时，引导大家扫码关注你，凡是扫码者均可获得一份小礼品。

（3）在招商会上，展示自己的商品，有兴趣的参与者可以试用体验。

因为是自己主办的招商会，可以在展厅循环播放产品的品牌故事，还可以展示一些产品的使用效果对比，让大家更了解。例如我们从事的是化妆品电商，就可以播放一些使用本化妆品前后的变化，让大家更了解产品的功效。

引流的途径有很多种，招商会只是其中一种。然而使用招商会引流可以带来其他引流方式意想不到的效果，那就是更直接、更精准。

18.2 地推引流

街头宣传单、促销摊位、快递单号……还有太多我们忽视的细节同样具有引流作用，甚至毫不起眼的桶装矿泉水，也可以吸引粉丝。所以，我们必须学会洞悉生活中的细节，不放过任何一个细微的引流渠道，这样我们的引流系统才是完善的。

说起地推，我想起了以前摆地摊的日子，那也是我成长最快的时候。地推非常锻炼人，什么是地推呢？简单来说就是地面推广，地推包括但不限于派单、举牌、扫楼、插车、拜访等形式。

下面看看地推引流有哪些我们不知道的优势。

（1）地推引流，因为更接近粉丝，所以更了解粉丝的需求。

（2）地推时，是面对面交流，能增强与粉丝的亲近感和信任感。

（3）面对面的交流，更容易促进成交。

（4）线下地推可以顺便采集一些素材，这些素材可以作为自媒体营销的材料。

（5）地推活动的区域化特征明显，更适合做本地引流。如果做的是区域

化的产品，这样得到的粉丝更精准。

（6）地推有利于快速出货。

要进行地推引流，我们先要找准地推的场景和地点，如果连目标区域和场景都不知道，那地推就没效果。我们常见的地推场景如下。

（1）超市或商场门口；

（2）公园的广场；

（3）展会的大会现场；

（4）线下体验店；

（5）小区门口；

（6）学校、医院等。

这些地方因为人流量大，易于筛选粉丝。我们一旦选中了地方，接下来就是选择地推的方式了。地推的方式分为两类，一类是送体验，另一类是送礼品。

1. 送体验类地推引流

有的人有自己的门店，没有门店的人可以通过租用超市柜台进行线下营销，当然也可以在街边小区让粉丝体验。

我们经常在一些门店或者商场看见某些品牌做活动，如 OPPO、苏宁易购、华为等，通过地推活动，这些品牌商能与粉丝近距离地接触，通过互动了解粉丝的需求，也能让粉丝通过体验感知产品、认识产品，通过交流获取信息等。

很多微商产品可以在线下供粉丝体验，如面膜、护肤品、艾灸、漱口水、休闲食品等。做体验类地推引流前要做好这些准备。

（1）怎么说，怎么引导，怎么成交。

（2）着装要正式，心态要放平稳，要自信。

（3）做好货品准备，赠品与其他销售的产品都要准备齐全。

（4）准备好二维码胸牌或卡片。

（5）准备好桌子、凳子和相关配套设备。

（6）提前做好桌布、喷绘布。

（7）如果条件允许，可以制作宣传条幅，不过一般不允许私拉条幅。

（8）提前制作好海报、宣传单。

（9）制作好易拉宝。

（10）准备好气球、小玩具（既可以送，又可以卖）。

（11）准备好照相机，可以采集素材，包括录制小视频。

做好这些工作后，就是具体的执行了。

在地推活动现场，一般需要4个人：1个人负责收款结算，2个人负责在小区内发彩页，并将气球送给宝宝，这样别人就不反感你发彩页了，1个人负责送体验。如果能穿上玩偶服，可以吸引更多人关注。

你要想让效果更好，可以提前一天在当地贴吧、论坛、QQ群等线上预热。

2. 送礼品引流

送礼品的目的是吸引粉丝，从而关注你以及你售卖的产品，所以选择礼品时，核心是要能吸引粉丝。一般来说，选择礼品的原则有3个。

（1）成本低，成本太高的礼品会给你的引流带去很大的压力。

（2）礼品有诱惑力，能吸引人。

（3）礼品要便于携带。

根据我以往的经验，我推荐选择这些礼品：气球、小旗帜、指甲刀、相宜相克食谱、书画、扇子和矿泉水。

一定要记住地推的目的是吸引粉丝关注和成交，而不是为了送礼品。所以如何吸引粉丝、如何说服粉丝是关键。

如果你所在的城市管理非常严格，地推被严格禁止，那么你可以稍作变通，选择和一些店铺合作。在店铺里放置二维码、产品等，让它们帮忙宣传，获得了利润可以给它们分一部分。或者你直接可以将店铺发展为你产品的代理商，寄卖你的产品。

我们要知道一些小细节。例如在地推的时候，一定要选择目标人群最活跃的时间段，如7:30～8:30、17:00～19:00等。要选择人流量大的地方，如社区、大广场。不要选在某些偏僻街区，这些地方的地推效果很差。

18.3 小沙龙引流

参加了招商会、进行了地推活动，那么举办沙龙聚会进行引流，就是水到渠成的事情。在沙龙聚会上，海报、视频甚至话题，都可以成为很好的引流渠道。不过，我们是否意识到这一点：凭什么我们举办的沙龙聚会，能够吸引人前来？我们有什么资本吸引粉丝加入？

所以要想举办沙龙聚会，很关键的一点就是培养自己的粉丝群体。只有让粉丝形成了一定的小团体，他们才会愿意参加。莫名其妙的陌生聚会，只会让人感到恐惧，因此会拒绝。

那么，如何建立粉丝群体？

1. 不断建立各种群

无论通过什么平台，只要购买了我们的产品或服务的粉丝，都应该加入专属群。QQ 群、微信群、贴吧……在对方购买时第一时间邀请他们入群，然后在群内不断制造一些话题，这样就可以让独立的个人成为团体的一部分。在这些群里，每个人都是你的客户，所以有了先天的共同话题，在这个基础上进一步制造话题，那么很快每个人就会彼此熟悉、成为朋友，这就有了线下聚会交流的先决条件。

2. 提前发布活动预告

决定举办沙龙聚会应当至少提前一周发出公告，让群友了解这个活动的举办地点、时间和内容，并了解哪些人会参加活动。

3. 允许成员携带一名亲友

允许沙龙成员携带一名亲友，一方面是满足对安全的需要，另一方面是为了引流。因为群里的粉丝本身就是通过引流而来的，我们的最终目的是通过他们，顺利引流更多的人。所以，只有加入新鲜的血液，并被沙龙聚会的气氛、话题感染，粉丝才有“加入其中”的兴趣。

沙龙聚会的其他细节还有很多，如现场的布置，一定要温馨而舒服，一定要便于大家一起交流。还有，现场谁是串场人、谁是活动流程制定者、谁是负责安排大家一起交流的、谁是负责直播的等都要事前安排好。

最好的人选是通过群内粉丝自发形成的，这样才能更好地调动粉丝的积极性，提高群的活跃度。一旦沙龙聚会可以定期举行，品牌文化就会渐渐形成，而我们的引流重点就在于这些粉丝上。

此外，除了沙龙活动，我们也可以适当参与，或组织一些公益活动。通过组织公益活动，我们可以实现以下效果。

（1）**凝聚人心**。公益活动能够感化活动中的参与者，让他们懂得感恩，懂得回报，懂得付出。这样不仅传递了正能量，还为沙龙活动赋予了更多意义。

（2）**形成品牌效应**。公益活动是能产生正能量的，它能吸引更多人加入，吸引更多人付出，从而让沙龙形成良性循环。

第 19 章
传统媒体引流

问答平台
百度系
腾讯系
自媒体平台
分类信息平台
门户论坛
搜索引擎推广优化
博客/微博平台
新闻门户平台
视频平台
品牌推广
口碑营销
个人IP打造
王九山
百度霸屏

19.1 新媒体时代，电台广告的优势在哪里

与新媒体相比，电视、电台广告似乎已经落后了太多。不过这些传统媒体也具备新媒体没有的引流效果，像中央电视台、湖南卫视等比较有名的电视台，它的受众群体非常广。一次广告带来的影响力是非常巨大的。不过电视台广告牵涉拍摄、后期等诸多环节，成本非常高并且一次电视广告宣传，很难产生有效的引流，只有持续不断地推广才能将品牌打出去。对一般创业者来说，做一次电视广告的成本是无法承担的。

而电台广告是一个性价比较高的选择，尤其是各类地方台，如北京交通广播、郑州音乐广播等。这类电台立足本地，因此受众群更精准；同时，如果发布量较大，就能享受折扣价。

电台广告宣传的注意事项是时间段的选择。目前来说，收听电台的人主要集中于有车一族。上班路上、下班路上是广告效应最好的时段。因此，7:00~9:00、17:00~20:00 是投放广告的最佳时段。

此外，电台广告一定要言之有物，最好能够配合相关活动。例如“× 月 × 日，× × 品牌举办大型线下选秀活动，爱美的你怎能错过！详情请咨询电话：× × ×”。这样我们既可以把自己的品牌信息广而告之，又借助社会热点更加吸引听众的注意力。

19.2 公交车广告

公交车广告与灯箱广告相似，都是以画面为主，力图在第一时间让行人看到车体广告信息。所以，与经验丰富的广告设计公司合作，是较好的方式。

当然，每座城市行驶着大量的公交车，为了脱颖而出，我们可以建议设计公司的设计更加个性一点儿，这样有助于信息快速传播，甚至成为社会的热点话题。

需要特别提醒：公交车广告可以分线路发布，因此我们应该分析自己的受众群体，哪些线路是他们常坐的，然后再进行投放，这样才能有的放矢。例如5路公交车沿途多为中学生，那么西式快餐就非常贴合；9路公交车主要经过各大写字楼，所以发布美容塑形类的广告会更加有效。这方面的数据，通常公交广告公司会有相应的分析，因此可以向这些公司索取，以此让信息投放更加精准。

19.3 电梯广告

服务类微商，如美容、足疗、餐饮、教育等，尤其是身处写字楼的服务类微商，有一个非常好的线下传播模式，那就是电梯广告。

电梯广告的形式有很多种，既有传统的框架式画面展示，也有新型的电子屏幕视频播放，无论哪一种，其影响力都是非常巨大的。因为每个人平均每天至少需要乘坐两次电梯，其传播频次是报纸广告无法比拟的；同时，如果我们的微商店铺本身就在这座写字楼内，那么它的传播就是非常精准的——只要乘电梯的人感兴趣，自然会根据指示直接前来。所以越来越多的健身房、美体塑形店、餐饮店等，开始放弃传统的沿街店铺进军写字楼，抢占电梯广告这个重要的线下引流平台。

除了这两点，电梯广告还具有一定的强制阅读效果——在电梯中，粉丝基本没有时间做其他事情，而在封闭的空间，广告成为最佳的视觉交汇点。在这种环境中，电梯形成了相对封闭的空间，消费者几乎没有干扰地阅读广告，因此传播效果更加明显。

无论我们经营的类型是什么，在电梯广告的画面中，一定要出现二维码，并配有有吸引力的文案。一旦粉丝被内容吸引，就会立刻拿出手机扫描二维码，这对于紧抓粉丝是非常重要的。同时，电梯广告的价格比电视媒体、报纸等低了不少，不会造成过大的成本压力，因此这是非常值得推荐的线下广告引流方向。

19.4 常见的传统媒介营销与布局

虽然受篇幅限制，不能把传统媒介引流的方法罗列出来，但为了能给大家的引流布局和营销战略做参考，我把一些传统媒体可能用到的渠道和方法罗列出来。这些方法单独看很不起眼，但如果能较好地使用，给你带来的粉丝量是非常可观的。

1. 报纸引流

一些地方的报纸，小篇幅的广告可以长时间做，偶尔做一次整版专访，会产生连锁效应。

2. 书刊引流

经常出差的人会在高铁、飞机上看到一些杂志和报纸，这些杂志和报纸是做广告非常好的地方。

3. 宣传单

在地推中我提到了宣传单，它虽然比线上引流成本高，但还有不少品牌根据需要在做。

4. 喷绘广告

这要根据具体的场景、具体的活动做，不宜大面积宣传，要考虑成本，达到造势的效果即可。

5. 写真板

这种方式的成本低，适合在楼宇、医院等人流量比较集中的地方推广。

6. 饮水桶引流

当地有一些送水公司，可以和它们合作，给每个桶上贴产品二维码广告。

7. 快递单

有的微商品牌已经和当地快递公司合作，每个包裹上贴一个二维码广告。

8. 车贴引流

我们在一些车上常见 ×× 俱乐部的二维码。我们也可以和一些车主谈，给他们一些广告费，让他们贴车贴。当然，很多人在自己的私家车后窗放一个广告，写上联系方式，这也是一个流动的广告牌，效果不错。

9. 餐桌引流

比较常见的是餐桌上贴的本店二维码、美团等广告，墙上也可以贴。

10. 展架广告

这需要根据具体城市所在地的情况去做。

11. 车站广告

机场附近、火车站、高铁站等附近，人流量大，引流的同时还能造势。凡是去过义乌的人应该对义乌车站的广告有很深的印象。

12. 地铁引流

在地铁的站内站外投放广告，看上去很美观，流量比较大。

微商行业也曾在地铁上投放过广告，名为“我是微商”的地铁广告曾引起了一定的轰动。不过，这样的广告耗费的成本非常高，商家要量力而行。

19.5 案例：“我是微商”地铁专列

2017 年 8 月 10 日，一列承载了万千微商心路历程的“我是微商”的地铁专列在杭州地铁 1 号线正式起程。这列以“我是微商”为主题的专列由 BIGTIME 大时代（浙江聚米文化有限公司）出品，意在代表微商行业向社会发声，如图 19-1 所示。

“承受过一百次误解，才有资格接受一千次点赞”“我所理解的完美：家人需要的我都有能力给予最好的”……这些直击内心的文案，说出了微商从业者的心里话，让大众了解了他们的真实生活状态与心路历程。

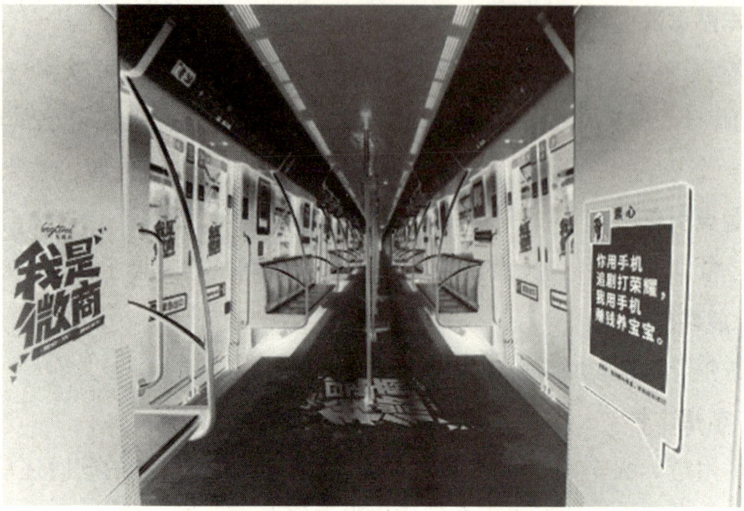

图 19-1 “我是微商”地铁专列

这样的营销活动是比较大规模的，活动开始后，相关图片和内容刷爆了朋友圈，也引发了一些媒体的跟踪报道。当然，其产生的广告效应也是非常巨大的，不但展示了微商的形象，而且带来了流量。但这样的营销活动也是无法复制的，除了广告费用昂贵外，如果再做同样的活动，粉丝也会失去新鲜感。因此，在引流过程中，要根据实际情况灵活应变。

第 20 章
其他引流

问答平台
百度系
腾讯系
自媒体平台
门户论坛
搜索引擎推广优化
新闻门户平台
视频平台
口碑营销
百度霸屏
品牌推广
王九山
知
贴
悟空
文
头条
搜狐
大鱼号
网易号
58
百姓
列表网
liebiao.com
天涯
妈妈网
360搜索
搜狗搜索
Google
網易新闻
sina新浪新闻

20.1 网络电台引流

对很多人来说，电台是比较传统的媒体，但是网络电台（如喜马拉雅FM、蜻蜓 FM、考拉 FM、荔枝 FM 等）是紧跟时代潮流的产物。喜马拉雅FM 注册粉丝超过 3.5 亿人，蜻蜓 FM 注册粉丝也达 3 亿人，这些平台是引流的绝佳地点。

网络电台很多，不过引流操作方法大体相同，我以荔枝 FM 为例，介绍一下网络电台引流的操作技巧。

在手机上下载荔枝 FM 的 App，安装并注册，现在很多平台实行实名制，我们最好也实行实名制，这样有利于账号的安全和提升被推荐的概率。

音频内容要原创，有人上传别人的音频，这有可能侵犯版权，更不利的是替别人宣传、推广了，对自己的长远发展不利。原创音频内容，可以自己写文章朗读，也可以找一些公共版权的文章朗读。

在录制音频的时候，要添加符合内容氛围的背景音乐，这样一方面可以掩盖你朗读的瑕疵，另一方面能给人舒适感，吸引更多人收听。

有了内容，接下来就是引流了。在朗读音频的过程中，可以在合适的地方读出你的联系方式。一般来说，在音频的开头和结尾读出联系方式比较合适。当然，也有一些音频剪切软件可以帮助你在录音结束后，再把联系方式拼接在音频内容中。

在上传音频后，要根据自己的产品的市场定位，选择不同的类目，如情感类、知识类、育儿类、微商经验类等。这些类目如果选择精准的话，能提高音频被推送的精准程度。

音频和视频一样，标题也很重要。在上传音频后，要编写吸引人的标题，最好在标题中植入几个关键词，这样能提高搜索引擎的推荐概率。

音频不但可以在荔枝 FM 上传，还可以在其他各大网络电台平台上传，这种广撒网的方式可以吸引不少粉丝。

在成功发布音频内容后，推广就显得非常重要了。要记得把你录制的音频内容同步到微博、微信朋友圈、QQ 空间、微信群、QQ 群等社交平台上，提高曝光率，让更多的人听到你的音频，从而达到引流的目的。

在评论区回复粉丝的留言，并引导他们关注你，将其引流到微信平台。

除了在自己的网络电台主页留言，还可以去收听量比较大的音频内容处评论，这和在微博评论引流是一样的效果。

引流需要长期坚持，随着音频上传数量的增多，引流的效果会逐渐突显。并且如果长期坚持的话，电台会被百度搜索引擎收录，粉丝会从其他平台被吸引过来。

20.2 好奇心引流

人有很重的好奇心，如果有某个让人非常好奇的事物，我们就可以将其作为媒介，进行引流。

如何通过人的好奇心引流呢？很简单，如去一个论坛发帖，邀请大家填数字。其实，这个题目是没有答案的，很多人怎么算都算不出来，特别想知道答案，那么他就有可能主动找你要答案，这就达到了引流的目的。

这种方法是屡试不爽的，可以试试看。我最常发帖的论坛有天涯论坛、QQ 兴趣部落、陌陌圈子等，大家可以自由寻找。

可能很多人会问：我去哪里找这么多的填数字游戏？

其实，能引起大家“好奇心”的并不止这一类，而且并不是所有的人都对填数字游戏感兴趣，不同类型的粉丝应该用不同的方法，我们要学会具体问题具体分析。

我教大家一个可以找到更多有趣且令人好奇的方法。百度搜索搜“趣味测试”，包括脑筋急转弯、数学题、心理测试等，应有尽有，如图 20-1 所示。

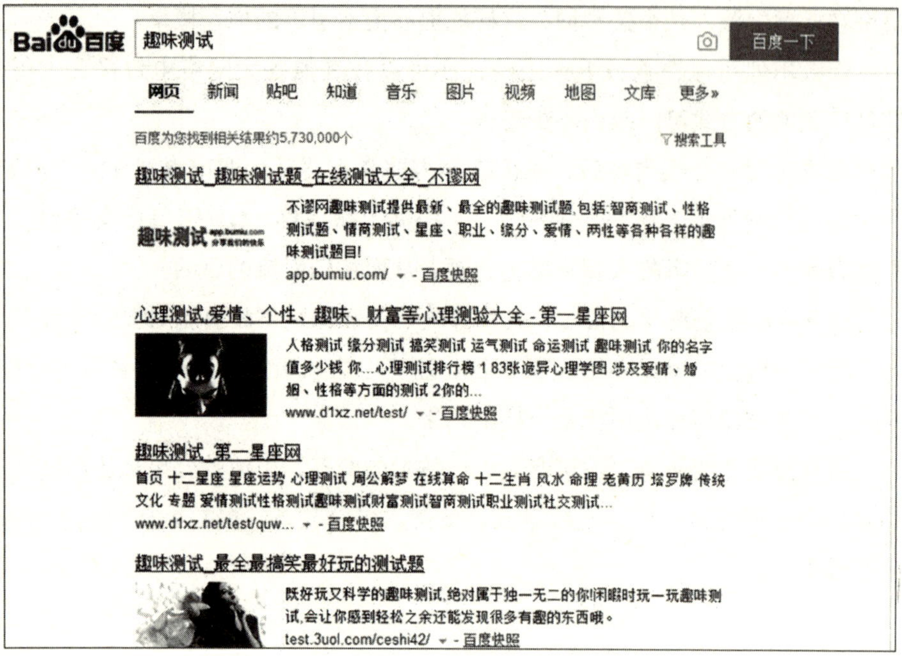

图 20-1　在百度搜索“趣味测试”得到的结果

一般来说，我们应该选择心理测试、IQ 测试题、悬疑题、脑筋急转弯测试题、算术题、星座测试等，这类题目的效果都是挺不错的。

这些题不仅可以拿来互动，还可以拿来引流。而且任何渠道的引流都可以用，如百度贴吧、博客等。在论坛中，我们也可以拿这些题目去发帖，吸引别人找你要答案。但是，在你发帖之前，必须明确自己要吸引的人群是什么类型的，然后再找相应的论坛及版块。

例如我们常见的看图测试的题目，如图 20-2 所示。

图 20-2　心理测试题

标题说得非常明确，是读心术测试，并且陈述了这个问题的内容：你最先看到的是少女还是老妇？

大家都知道，读心术测试，答案一般是众说纷纭，各说各有理，每个人都有能说服别人的观点，很容易产生争议。

一旦一个话题有了争议，就有了关注率。因为存在争议，就会有越来越多的人加入探讨，吸引更多人关注。

当然，在图20-2的左下角，我们留下了个人微信号，是用于引流的。我测试过，这张图片发布后仅仅几分钟，就有十几个人点赞，5个人留言。所以这种方式是非常有用的，你同样可以利用好奇心和测试进行趣味引流。

20.3 游戏营销

引流成功离不开互动，而我认为互动性最好的移动应用工具是游戏。正是凭借高互动性，游戏才能赢得众人的喜爱。在引流过程中，你也可以采取游戏营销的方式，借助游戏或游戏化，与粉丝互动。

对游戏的认知，很多人仍然停留在“过家家”“打怪升级”“小孩子的玩意”等的认识上。事实上，游戏并不只是孩童的玩闹，也不只是电子游戏，如运动、桌游等属于游戏的一种。从定义上来看，游戏是粉丝主动参与互动的模拟活动，粉丝的主要目的就是获得心理愉悦。

与粉丝互动，让粉丝愉悦，并关注和成交——这就是引流的目的。而在游戏营销中，你也可以采取灵活的思路。预计，中国手游市场在近几年将保持25%以上的增长率。借助手游发展的东风，你就可以将营销植入游戏中，让玩家在游戏中获悉你的营销信息。

如何将营销植入游戏呢？

最直接的方法就是硬广，在手游打开界面、加载界面以及界面“空白处”，贴上你的广告图片，或动图，或视频。

除此之外，你也可以与手机游戏合作，获得赞助命名权。如此一来，你就可以使用你的品牌，对游戏内的关键道具或功能进行命名，或贴上你的Logo。在不影响粉丝游戏体验的同时，展示你的游戏信息。

当然，也可以将游戏植入营销，这就是一种游戏化的营销方式。策划一款简单的游戏，让粉丝在游戏中深度体验你的产品或服务，并给予粉丝愉悦感。

当你的产品或服务能令人愉悦之后，粉丝自然愿意传播和成交。

20.4 “互动吧”的吸粉技巧

在互动平台中，“互动吧”目前的人气最高、功能最丰富，因此最适合网红在展示自我的同时，发起一系列活动，如图 20-3 所示。在活动功能中，还有免费群发短信和报名统一导出等功能。

组织聚会、开办沙龙等活动，从而发起线下交流会，这对人气提升非常有帮助。同时，这些活动可以一键分发到朋友圈、微博等，如果话题非常有价值，就能立刻让粉丝转发、关注。例如时尚达人邀请了一名知名设计师参与沙龙聚会，并向粉丝提供独一无二的“美妆专享课”，那么这就会直击时尚达人的痛点——在与名人近距离交流的同时，还能学习化妆技巧，为什么不参加呢？

所以，针对区域型达人来说，如在北京 CBD 举办一场粉丝见面会，通过“互动吧”更为详细的功能分类，可以立即唤起粉丝的热情。一旦活动策划得够精准，粉丝还会邀请新人一起前来，这样达人不仅与粉丝拉近了距离，而且吸引了一大批有潜力的粉丝！

同时，“互动吧”还有微信客户端，搜索“互动吧”即可关注。微信端“互动吧”与“互动吧”App 功能相近，因此在微信端口直接发起活动也能被广大网友看到。不过，

图 20-3 “互动吧”发布页面

为了获得更多的功能，相关操作还是建议在 App 中进行。

20.5 知乎平台的吸粉技巧

还有一类平台侧重于知识分享，尤其吸引大学生、专业人士的关注。倘若能在这样的平台上成为红人，那就意味着吸引了一批高学历的粉丝，会在某些特定领域具有非常高的影响力。

毫无疑问，知乎目前是这类平台的代表之一。而在知乎上，已经活跃着非常高人气的意见领袖，即红人。例如网友 nk 丢丢如图 20-4 所示、作家张佳玮如图 20-5 所示，就是知乎中《我爱我家》电视剧解答人，几乎所有有关这部电视剧的提问，都会看到他们被邀请回答。

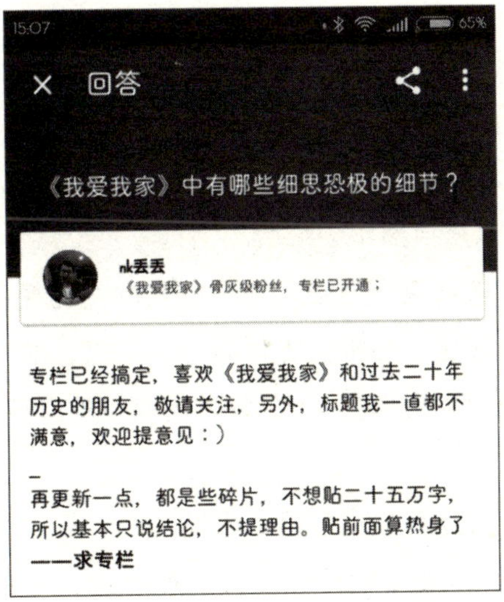

图 20-4 知乎“nk 丢丢”回答界面

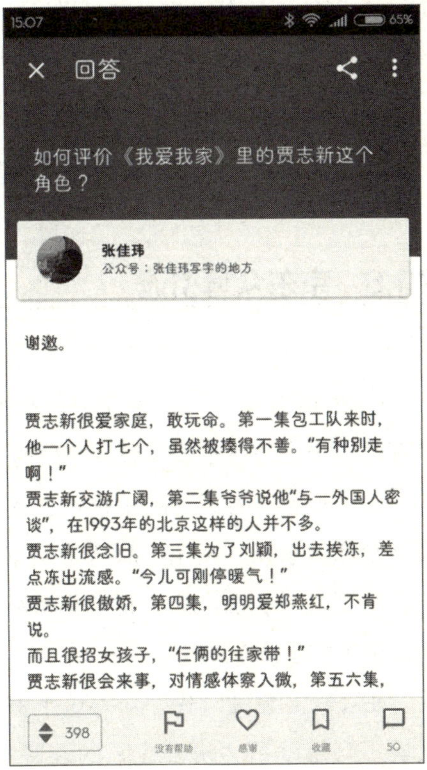

图 20-5 知乎“张佳玮”回答界面

正是因为这些红人的出现，让《我爱我家》这部电视剧在20年后依然具有很高的关注度，各种解读层出不穷。以知乎为代表的知识型App，通常为综合类知识网站，各种问题众多，如果没有网红的存在，话题很容易被淹没，无法诞生经典、专业的回答，难以形成热烈的讨论氛围，提问、回答多呈现零散式，自然无法形成社群架构。

所以，要想在知乎平台中成功细分，必须达到以下两个要求。

1. 有非常擅长的某个领域

只有让自己的关注点集中于某个方向，才能被网友熟知。

2. 可以长期不断地在特定领域回答

如果能多次做出精准的回答，就会吸引第一批粉丝。在粉丝的眼中，你就是这个领域的专家，为什么不信赖你呢？

对个人网红是如此，对品牌也是如此——培养出自己的网红，集中于某个领域回答网友的提问。一旦网红（最好为多个）在平台中具有了一定的影响力，就会培养出自己的粉丝，并渐渐在互动中形成社群组织。所以，品牌不妨鼓励设计师、运营师等核心团队的人才进入平台，主动回答网友的提问，在不断互动中成为网红，从而对品牌产生直接推动力。

20.6 京东众筹引流

自2014年起，互联网金融的兴盛，甚至撬动了银行的“大蛋糕”。在众多互联网企业纷纷布局互联网金融时，京东自然不会落后。

从一开始，为了与阿里巴巴抗衡，京东就拒绝接入支付宝支付，趁着互联网金融的东风，京东也顺势推出京东钱包，在推出支付服务的同时，推出了各种互联网金融产品。其中包括小金库（余额宝）、白条（花呗）等产品，而最突出的是京东众筹。

在互联网金融时代，众筹这个古老的金融模式也得以焕发生机。从本质上看，众筹就是“份子钱”的互联网版，项目发起者发布众筹项目，吸引投资来达到目标。而在项目完成之后，发起者也会按照约定给予投资者一定的回馈。

在众筹概念的火热中，营销也不会放过这个热点。基于3C数码起家带来的科技基因，京东众筹在国内迅速发展起来，为社交电商营销提供了平台。

企业要想依靠众筹实现营销目的，关键就在于概念和收益。众筹的项目必然具有一个足够诱人的概念，如智能家居等，你需要融入一定的概念属性，以增强项目的吸引力。另外，作为一款金融产品，投资者的参与是因为收益的可观，你可以将投资抽奖、折扣特权、优先购买等服务作为回报，吸引投资者参与。

另外，为了保证众筹项目的成功，并增强营销效果，你要明白，如果只是使用京东众筹做营销，那么就要降低投资门槛以及融资目标，让更多的用户参与进来。与此同时，众筹的时间不建议过长，最好控制在2周左右，最长不能超过一个月。

20.7 微店

20.7.1 微信微店

为了塑造微信的电商属性，微信推出了“微信小店”。任何微信公众号账号，都可以在微信公众平台“服务”的“服务中心”中开通“微信小店”。开通服务之后，你只需添加商品和货架信息，就可生成微店链接。

你可以将微店链接插入公众号的菜单栏，也可以将之放在微信文章，或发布到朋友圈，引导用户直接在微信中购买商品。

需要注意的是，为了提升微店的商品展示效果，你上传的图片最好小于1Mb，以免耗费用户太多的流量，影响图片的打开速度。

20.7.2 有赞微商城

在各大电商平台把控电商入口的同时，也有很多人试图突破电商平台的限制，有赞微商城就是其中的先行者。早在2012年，有赞就以口袋通为商家提供微商城和移动电商的解决方案；2014年，口袋通正式更名为有赞，其社交电商的效果更加突出。

你只需登录有赞商家版，即可按照流程完成有赞微商城的注册工作。那么，有赞微商城的营销价值在哪里呢？

当你想要进军移动社交电商市场时，似乎仍然需要受到电商平台的限制，似乎只有入驻这些电商平台，才能获得流量，而入驻电商平台，也极大地提升了你的营销成本。与此同时，大量的平台商家使竞争极为激烈。

然而，开通有赞微商城之后，你可以生成一个微店链接。基于有赞微商城与微博、微信等社交平台无缝对接的特性，将你的店铺或商品链接发布在社交平台上，只需用户点击一下，即可跳转到你的有赞微店，并进行消费。

值得一提的是，开通有赞微商城是完全免费的。但要想获得更好的增值服务，你需要登录有赞拍档平台，获得店铺装修、店铺代运营、培训、营销插件等增值服务。

20.7.3 其他微店

移动社交电商的火热，让很多人开始认可微店这种更加轻量级的电商模式，只需一个App，商家即可完成开店手续。关键的是，在阿里巴巴、京东、微信等平台相互竞争、屏蔽链接时，微店链接却可以与几乎所有平台实现无缝对接，这也极大地提升了商家的营销效率，降低了营销成本，你不用再同时经营淘宝、京东、微信小店等多个店铺。

微店模式的创新，让微店市场迅速火热。一时间，有赞、微店、点点客、搜狐快站等微店App相继而起，其提供的服务几乎大同小异，你可以根据平台资质和使用效果进行选择。但要注意的是，在微店盛行的市场环境中“鱼龙混杂”，你最好选择免费体验的微店品牌，以免上当受骗。

第 21 章
从流量到留量，一切引流都是为了变现

21.1 引流需要精细化运营

虽然对营销者来说，粉丝的增加是值得高兴的事情。但我们一定要走出一个思维误区，那就是粉丝越多越好。粉丝并不是越多越好，而是精准粉丝越多越好。靠量取胜的年代已经走远，只有精准的粉丝才是我们的最爱。

未来的营销，一定是“小而美、美而精”的模式。流量成本在提高，获取粉丝的难度也在不断提高。有可能你花 10 个小时获得的 1000 个粉丝产生的价值，不如别人 100 个粉丝产生的价值高。这就是精细化运营与粗放式运营，放养思维与运营思维带来的差距。

换句话说，一个不懂运营、不懂粉丝的营销者，即使手里拿着一副好牌，依然赢不了别人。我见过太多手握几千个社群资源的大咖，见过微博粉丝量百万甚至千万的大 V，见过拥有线下千家门店的老板，但他们依然变现困难，依然不知道手里的资源该怎么使用。

我可以肯定，给一个没有任何运营思维和经验的人一个有千万粉丝的公众号，他有可能不知道如何将这些流量变现，不知道如何维护粉丝，更有可能的是，每个月丢失无数粉丝，最终这个公众号会变成没有多少价值的平台。

因此，流量和粉丝量虽然非常重要，但没有精细化的运营，一切都是空谈！

21.2 流量变现的 20 种方式

作为一个营销者，我个人有多年的持续引流经验，也在引流的过程中不断总结了一些流量变现的方式。这些方式并不是全部适合每个人，但总有那么几个方法是适合你的。

1. 出售产品变现

这是现在最常见的流量变现方法之一，微店、微商等是通过出售产品，将粉丝转化为客户，实现变现的。

2. 售卖课程变现

这对一些行业大咖和一些培训讲师来说是常用的方法之一。大咖开发课程，并将课程以年或月等为周期售卖。不过这个方法需要运营者有独到的专业知识，能够给别人带来价值。否则课程即使卖得再便宜，也没有多少粉丝愿意买，变现就成了空话。

3. 付费社群变现

社群是粉丝聚集的“家”，把自己的粉丝聚集到一起，享受一些高质量的服务，进而收费，是一种很好的变现模式。例如打造会员群，像九山联盟社群就是会员制，这是我个人尝试变现的方法之一。只要服务足够优质，能赢得粉丝的信任，付费社群变现是非常容易的。

4. 提供咨询

我个人给微商品牌方做咨询服务，做他们的品牌顾问，收取一定的服务费，就是对个人流量的一种变现方法。另外，如果自己是某个领域的专家，并且通过自媒体平台持续对外输出，那么对这个领域感兴趣的人就会向你咨询，你可以通过回答问题获得收益等。现在第三方的问答平台变现也比较容易，如分答平台、悟空问答等。

5. 会员变现

之前我讲过 QQ 收费，这是会员变现的一种方法。其他的如可以收取一定的费用，粉丝才能享受更好的服务，才能参加专属于会员的活动等。

6. 收徒弟变现

术业有专攻，微商圈内的文案、演讲、引流等细分领域，都有擅长这个领域的专业人士，因为具备比较专业的知识和资源，很多粉丝愿意跟着他们学习。除了在粉丝群里听课，有个性化需求的学员还会以拜师的形式深度学习，获得专业的一对一指导。我本人也会以设置门槛 + 收费的方式筛选真正有学习需求的粉丝。收徒弟是一种担当，是一种责任，是一种付出。如果站在利他的角度，可以适当收一些弟子帮助更多人，同时也为行业做贡献。

7. 渠道分成

一方面你可以和商家合作，成为他们的一个销售渠道，从粉丝的成交中获得收益。不过这种方式需要商家、产品适合你的粉丝群，否则不但不能变现，还会影响粉丝体验。

另一方面，你可以在自媒体平台上获得分成。例如大鱼号、头条号等，根据你贡献的流量，直接给你现金。再如将粉丝导流到淘宝或京东，粉丝成交的产品，你可以获得佣金。

8. 广告变现

这是现在常见的自媒体变现模式，自媒体文章下面有广告链接，粉丝点击就能产生广告费用。还有常见的广告联盟，通过 CPA、CPS、CPC、CPM 等方式进行流量变现。微信公众号的广点通，以及头条号平台的头条广告收益都很不错。

9. 靠打赏变现

在自媒体平台上，微博打赏、公众号赞赏、直播粉丝打赏等都很常见，你要想让粉丝给你打赏，必须输出有质量的内容。

10. 软文广告变现

软文广告是目前所有大小自媒体最简单的盈利收入方式之一，根据个人自媒体平台粉丝量的多少和活跃程度，商家会和运营者洽谈软文广告费用。一些运营得好的公众号，第一条文章的软广告费用可达几十万元。

11. 出书或者入驻巨头媒体

目前写作内容变现比较纯熟的平台如豆瓣阅读、网易云阅读等，这类平台是常规的电子书盈利模式，售价不高，基本是个位数，但以量取胜。有的平台收益和作者三七分，有的全归作者。当然，很多自媒体的文章可以集结在一起，形成纸质书出版，也是一种变现模式。

21.3 如何批量转化新流量

我是微商教育者，我的粉丝大部分是微商或者从事微营销的朋友，我就讲讲关于微信好友的批量转化问题。当我们用好前面的引流方法之后，流量已经不是我们担心的问题，如果你每天引来200～300人的粉丝流量，自己不精细化运营，这些粉丝就会慢慢离开。但如果你一对一地和粉丝交流沟通，又会占用你大量的时间和精力，结果可能得不偿失。有没有合适的方法，既能与粉丝完美沟通，又能让粉丝活跃并留存在你的平台上？我常用的方法有两种。

1. 七步解决一对一成交

一对一成交是大家经常遇到的场景，相信很多人有自己的实践经验，在这里我就简单说一下成交前的铺垫和准备。

（1）要在微信朋友圈塑造自我形象，彰显你的专业性。

（2）昵称和个人定位标签要打造好，昵称很重要，这和明星的艺名一样重要，它是个人IP打造的关键之一。

（3）一段完美的自我介绍，从多个角度展示自我形象，要有趣。

（4）常用的聊天内容和回复要做整理和分类，面对大量粉丝，有了这些准备，能极大地提高聊天效率。

（5）准备素材包，如视频案例、销售信等，这样能快速建立信任，利于成交。

（6）整理常问的问题，面对粉丝，你需要提问才能了解对方的需求和痛点，所以，常见的问题能深层次地了解对方的问题。

（7）必要的时候语音或者电话沟通，这也是建立信任的重要一步，特别是数额较大的成交，打电话能给对方极大的信心和信任感。

2. 40人微信群闪电成交术

当我们批量同意加入好友时，一对一聊天可能聊不过来，我经常做的就是微信建群批发式成交，为什么是40人的群？因为腾讯规定40人以内的群，对方不需要同意可以直接被你拉进群。这样做的好处就是可以瞬间对着将近40人表达你的观点，但需要注意一些细节，否则你的转化会大打折扣。

（1）提前建一个3个人的群，这3个人中除了自己，其他两个人是助理或者之前成交过的粉丝。

（2）提前修改群昵称、群名片。让别人看一眼就明白加入的是什么群，群名片要尽可能唤起别人的兴趣。

（3）提前准备群公告，准备好所有能用到的素材包，要连贯，一气呵成。

（4）批量同意 37 个粉丝的加好友请求，然后备注标签和昵称，方便提高沟通效率和建群速度。

（5）在拉粉丝进群的前几分钟，先群发给这 37 个粉丝一段经典的介绍，为后面的拉人入群做铺垫。

（6）在群里拉入 37 个粉丝后，群里是 40 个人了，这时候就可以发群公告，并说一些活动和相应的激励措施。

（7）在群里进行热身聊天，勾起粉丝的兴趣，然后即兴演讲。

（8）从拉粉丝入群到最后抛出活动，时间不能太长，否则粉丝会失去耐心。

（9）在群里聊天和演讲过程中要有红包烘托气氛，助手可以适当引导粉丝互动。

（10）如果你对演讲没有足够的信心，可以全程用文字在群里互动。

（11）整个过程要真诚，什么样的目的、什么样的活动和产品等，都要说清楚，为后面的成交做铺垫，之后再进行一对一成交，效率就大大提升。

21.4 提升粉丝归属感的 16 个方法

别人之所以是你的粉丝，是因为有需求，或者对你有好感。所以，你要明白粉丝在你这里能得到什么？你能提供给粉丝什么？

是归属感，是乐趣，还是信任？当陌生好友变成真正的粉丝，这些就是我们引流之后要考虑的首要问题。

在多年的实践中，我也总结了一些能带给粉丝归属感，并提升粉丝忠诚度的方法。

1. 建粉丝群

将粉丝引流过来之后，一定要建立粉丝群，这个粉丝群可以是以自己的名字为主题的粉丝群，也可以是以能提供核心价值为名的粉丝群。

2. 与粉丝互动

经常与粉丝互动，让他们了解你、接近你。这样当你们之间的共同话题越来越多的时候，你在粉丝心中的重要性就突显出来了。你可以主动分享有趣的或者有价值的内容，带动粉丝一起互动。

3. 给粉丝取名

有一个固定的社群，粉丝就会觉得自己是群体的一员。例如小米有米粉、华为有花粉，赵丽颖的粉丝叫萤火虫，我个人的粉丝叫九粉。粉丝的昵称一定要统一，并与社群的核心有关系。

4. 要持续吸引新的粉丝加入

任何社群，新成员的加入和老成员的离开都是常态。新的粉丝加入，群主要想办法让他尽快融入社群。例如新人入群，一定要有迎接语或者欢迎红包，要让他们参与到互动中。

5. 设置门槛

没有门槛的社群，什么人都可以加入，粉丝没有归属感。一定要设置入群门槛，正是因为有了门槛，粉丝才会珍惜机会。

6. 可以定制粉丝礼物

例如将特定服装、笔盒、笔记本等送给粉丝，就能体现出粉丝的独特性。

7. 给粉丝帮助

例如我每天晚上 10：00 ~ 11：00 在社群里专门为粉丝答疑解惑，回答粉丝的引流问题以及微营销知识。

8. 为粉丝提供隐形福利

社群的价值并不是一次就能完成的，它是一个持续的过程，要持续发福利。

9. 朋友圈价值打造

例如我经常在朋友圈提供行业资源、创意内容、网络商机、创业心得、行业经验等，让粉丝觉得我是值得他们认识的。

10. 在粉丝的朋友圈与他们互动

例如翻阅粉丝的朋友圈，找出他们的特长，并给予真诚的赞美。

11. 举办有奖活动

可以在朋友圈举办有奖活动。

12. 塑造形象

要塑造自己的形象，显得自己专业、专注和专心。

13. 线下聚会

在恰当的时候，要提供线下聚会、聚餐的机会，增强粉丝的黏性。

14. 提升个人能力

你需要不断学习新的知识，才能给粉丝输出更多干货。要明白，想帮助更多的人，唯有提升个人的能力。

15. 乐于贡献

要乐于贡献，乐于助人，参与公益活动，帮助更多人。

16. 扩大影响力

持续扩大影响力，提升自己的知名度，才能吸引更多粉丝关注。

21.5 留住粉丝：朋友圈指南

我讲了很多引流的方法、策略，吸粉靠引流，而锁粉就要靠朋友圈，除了平时打造自己的朋友圈之外，还有两个重要时刻，第一就是批量成交的时候，第二就是批量引流的时候。

这两个时刻都是转化，转化之前一定要先收拾好自己的能量场。

因为这个时候，我们的朋友圈就是别人关注的焦点，新加来的粉丝往往第一时间翻一下朋友圈，如果看上去很一般，很有可能就把你删掉了，如果第一印象比较不错，对后面的转化也是有很大帮助的。朋友圈一定要打造得有趣、有料和真实，有互动元素、有价值。

朋友圈是好友直接了解我们的场景，所以在引流之前先打造自己的朋友圈。

我总结了打造个人微信朋友圈的一些招数，可以根据自己的需求去实践。

打造个人微信朋友圈，整体分为 3 个部分，分别是头像塑造、朋友圈背景图塑造和朋友圈内容发布。

1. 头像塑造

人与人之间的第一印象，都是从外貌中得来的。如果粉丝看到你朋友圈的头像很随意，放一些动物、花草的图片，会对你有所怀疑，无法产生信任感。

在虚拟世界里，真实的头像才能给人信任感，所以你的微信头像一定要用自己的，并且是能彰显个人形象的专业写真形象照。

2. 朋友圈背景图塑造

朋友圈背景图可以放一些照片，也可以放你专门制作的广告。不过一定要把你的特色彰显出来，体现你的核心竞争力。

3. 朋友圈内容发布

有的学员问我朋友圈怎么发，不知道发些什么内容，下面我就总结一些发朋友圈的指南，也是朋友圈营销的一部分，可谓我多年的经验。

这些不仅辅助你引流，对以后的成交，包括团队裂变、转化大代理，也有很大的帮助。

发朋友圈的内容很简单，可以是一段文字、一张照片、一个短视频或转发一篇文章的链接等。但这些内容以什么样的形式发出来才最能塑造个人形象，是值得我们研究的。我个人总结了一些方法，可供大家借鉴。

（1）**晒语录**。可以是每天早晚各一条语录或感悟等，让别人看到你的思想变化。内容要简短，不要超过 8 行。图片要是精选的图片，与内容有一定的联系。

（2）**晒品牌**。所谓品牌，可以是公司营业执照、自己的产品测试报告，以及产品的代言明星等。

（3）**晒产品产地**。如果你销售的是农产品、土特产等，可以晒出产品原产地、生长环境等，这样更有真实感。

（4）**晒工厂**。如果你销售的是工业制成品，可以晒出产品的生产加工过程、厂房一角、员工风采等，内容一定要真实。

（5）**晒报道**。可以是媒体报道、行业认证等。

（6）**晒反馈**。可以是买家秀和买家好评等，淘宝上的买家秀对成交的影响非常大。

（7）**晒咨询问答**。例如潜在粉丝咨询的聊天截图等。

（8）**晒生活**。要让别人觉得你是可信任的，那就必须展现你的真实生活。

（9）**晒授权**。例如得到了权威机构的授权。

（10）**晒团队**。例如培训会合影等。

（11）**晒讲课**。例如你登台讲话的照片等，可以提升个人魅力。

（12）**晒进步**。例如每次听课之后的分享、心得、成长感悟等。

（13）**晒笑料**。可以是开心的，也可以是自嘲式的，以增强互动。

（14）**晒自拍**。各种场景下的自拍，以增强真实性。

（15）**晒感恩**。例如对生活的感恩，对别人的感恩，对父母的感恩等。

（16）**晒热点**。例如行业内一些热点活动和话题等。

（17）**晒激情**。例如对创业的激情、对未来的憧憬、对梦想的渴望等。

（18）**晒辛苦**。例如自己或团队成员辛苦拼搏的内容。

（19）**晒公益**。例如参加的一些公益活动，可以弘扬正能量，让别人感受到你的爱心与责任心。

（20）**晒目标**。例如晒每天早上奋斗的目标、长期目标、挑战自己的内容等。

（21）**晒社交**。可以是与行业内人士的合影等。

（22）**晒粉丝**。与粉丝的互动等内容，增加真实感。并且，如果是新粉丝，可以证明你有持续不断的影响力。

（23）**晒课件**。可以晒出自己学习的课件，如引流课件等。

（24）**晒技巧**。例如自己学会的某些生活技巧、销售技巧、引流技巧等。

（25）**晒方案**。可以把团队的执行方法、执行步骤、执行结果等晒出来，让别人感受到团队的强大。

（26）**晒课表**。每个人都需要持续不断地学习，在学习过程中，可以晒出自己的课表，可以证明自己的积极努力。当然，一些培训师晒出自己的课表，也能促成成交。

（27）**晒产品**。如果你在销售产品，那就晒出产品图片、产品文案、产品视频等，获得曝光，促成成交。

如果你能把朋友圈打造得像连续剧一样或像电影一样，那就更有看点了，好友才愿意持续关注，让更多人期待你的更新，同时站在提供价值的角度去更新，把你的朋友圈打造得有血、有肉、有灵魂。

那么，如何让朋友圈有灵魂？笔者觉得从这几个方面入手。

第一，情感与你相关：你的朋友圈是不是有自己的情感，是不是有可读性，是不是和自己有关系，你可以转发别人的内容，但一定要和自己相关。规划关于自己的内容，只有这样，才是有灵魂的朋友圈。

第二，总结创造价值：让别人在短时间内获取你要表达的核心价值，站在客户的角度考虑。

第三，持续在线：让别人感觉到你一直都在。如果你两三天不发朋友圈，别人可能觉得你是不是出事了。不熟悉你的人会感觉你的朋友圈非常空，你的出现就是让别人产生记忆和认知。

第四，定时打扫朋友圈：清理实时信息和不重要的朋友圈内容，不要让别人感觉你的朋友圈像垃圾桶，让别人感觉你的朋友圈非常精美，非常有价值。

第五，重复的力量：如果今天你发的内容有非常大的价值，也是客户需要的，那就要重复表达（但忌讳过度重复）。

朋友圈发布的内容，要有创意，要站在利他的角度影响朋友圈的好友，让大家接受你，才能建立信任，有信任才能成交。偶尔也可以在朋友圈做一些有奖活动，或者提供一些价值，回馈给你的粉丝。

后记

会一万招，不如把一招练习一万遍

整理自己的实践经验，是一项庞大的工程，因为所有的经验在实践过程中是能灵活变通的。但如果总结为纸面文字，教授给读者，这个过程是需要提炼与总结的。而将提炼与总结的结果，以大多数读者能理解的方式表达出来，这对我来说，也是一次巨大的挑战。

每位互联网从业者对引流的方法与策略，或许都有属于自己的实践，但万事万物都有其本质，如果能抓住本质，具备提纲挈领的本事，那引流将不再复杂。我遇到过很多学员和同行，他们都在引流方面付出了不少的心血，效果却不尽如人意。

我觉得他们最大的问题，就是缺少布局与思维，有时候手握好牌却打不出精彩的胜局。还有人掌握了无数的引流方法，最终自己的粉丝寥寥无几。这就是只学不实践的结果。

引流方法无穷无尽，我总结的这些，也只是我实践过程中的一部分。但我曾用几招引来了无数的粉丝，并不是说掌握了无数招的人就比掌握了几招的人更厉害。我一贯的主张都是——会一万招，不如把一招练习一万遍。

拥有几项拿手本领，比蜻蜓点水式尝试无数招有用。深耕粉丝，坚持做自己的品牌，未来才有可能形成属于自己的IP，这是互联网未来的趋势，也是每位学习引流的读者未来的目标！

希望我的读者能够从书中学到有用的方法，学到引流布局的思维模式和布局策略，从大处着眼，小处着手。在成书过程中，我得到了很多人的帮助和支持，是他们鼓励我不断努力，支持我坚持下去。我的学员、服务过的品牌方以及师友，都给了我诸多的鼓励，我在此一一致谢！

因个人精力有限，书中不免有纰漏，各位读者如有发现，请热忱斧正！再次感谢！

限于篇幅，加之微商市场和互联网市场的不断变化和更新，本书无法把所有内容全部展现出来，为了帮助读者更好地学习，请关注王九山的公众号：王九山（ID：wangjiushan），同时邀请各位读者关注我筹备中的下一本书《微信群裂变与营销》，书中有多招教你 10 万个社群的运营与引流技巧。

联合发起人名单

名称	微信号	简介
胡国红	10532085	班足品牌创始人；潘高寿、瘦伊点品牌创始人微商实战辅导老师，立志打造班足百年品牌
花姐	13735652772	羽悦本草万人迷团队创始人，曾入选“CCTV 央视网商城优选品牌”，荣获“2016 十大重诚信品牌之一”，十二字中医养生饮食秘诀创始人
杨曦	104444478	玖蜜慈经贸有限公司董事，主营云南原生态手工红糖
丁倩雯	1040754864	莓美哒 VC 溶脂果糖，欧逸姿生物科技有限公司创始人
枫之语	yaya158255164	羽悦本草辉煌家族创始人
杨合营	123546248	吕家传医用冷敷贴、吕家传春雷团队负责人
莫静波	15274857339	细莫系列休闲食品、湖南细莫食品集团董事长
崔万志	122801	旗袍先生
郑清元	9175616	中国能量教育终生推动者、中国电子商会微商专委会培训中心主任
老壹	730917	《微信群》的作者、亚洲微社群营销第二人、万人迷微商特训营开办人、壹言谈微营销知识电商创办人
徐东遥	799927	中国微商教育第一人、万人迷微商特训营创始人、微谷中国教育研究院总设计师
徐义	xuyi6767	微谷平台缔造者、中国电子商会微商专业委员会副秘书长
程生	518720	微谷中国研究院院长
方雨	54214	《微信终极秘籍》的作者、WeMedia 联盟联合创始人
谷伍平	18802019991	深圳市中益维康电子科技有限公司董事长
费美红	16802393	黛韵娜品牌创始人

（续表）

名称	微信号	简介
甘宇	18321559305	深圳市格阁东方环境艺术有限公司董事长
刘寓樟	15730989999	北京易臻国际贸易有限公司、玫兰蔓语创始人
张慧琴	6350002	清河商贸有限公司董事长，致力于德家、日化、饮料、酒、小分子肽、苹果干细胞、睡宝助眠饮料等产品推广
李文秀	13632792331	兜美丽人品牌创始人
丁书友	dingxin117	珍百年即时营养棒、珍百年生物技术有限公司联合创始人
刘健	13833892878	河北安亿达照明有限公司操盘手
林洛伊	ght549841	众星国际董事、分享经济微商创业导师、卖家内参合伙人、实战型微商导师
君爷	yudazhizao	广州市君长苑商贸有限公司董事长
王维	doudou868772	羽悦本草全国总代理商
韦咏俞	18852731440	芳世年华品牌创始人、沉香健康文化潮流领航人
李宏伟	lhw13393110617	硅谷财智联合创始人、众享亿家极速蜗牛团队创始人
贺延华	tzh958727190	北京微海联合电子商务有限公司全国总代理商
杜瑞	15047336210	广州怡惠园商贸有限公司官方代理
闯王	357506976	视频制作、网站推广、达人影业股东、必火安全共享 Wi-Fi 核心骨干
季亚平	13621620505	经营“守护宝”品牌老人、儿童通信产品，上海中兴通讯技术股份有限公司电商部工作
李明星	13816119198	杭州星展口腔医院总经理
陈娇	15961214964	培元贴
贺静	95217199	雪山彩虹羊胎盘、宁夏多维制药集团项目总监
娜姐	15957714428	红领巾战队视频营销学院创始人、逗拍趣推官方视频营销导师
大宝	175952091	经营凯儿得乐母婴全系列产品，无锡艾斯贝尔母婴用品有限公司总经理

（续表）

名称	微信号	简介
赟赟	zyx363601568	羽悦本草金牌代理
张玉荣	13162088292	美又善联合创始人
周园	15965566066	美乐家（中国）日用品有限公司
邹开翼	247111955	La key 生物赋活原液、金玉化妆品董事
孙文君	sun470757162	石墨烯健康理疗、美容产品、上海康烯莱生物科技有限公司总经理
田乙清	tinna7980	新零售创业导师（钢铁女侠）、健康谷 CEO
刘云云	15050503180	江苏顶能食品有限公司董事，尚贡燕联合创始人
吴容	1499090859	羽悦本草健康科技有限责任公司水晶代理
耐姐（黄瑶）	18781192388	羽悦本草系列、羽悦本草全国总代理商
朱堂梅	bya411	羽悦本草，养生，减肥、微品总盟联合创始人
权利	15805581061	男女内衣、浙江娅茜品牌管理有限公司高级别合伙人
麦子	13661819166	专营外贸原单
崔香淑	xiangshu2304	日用品超市、苏州绿叶日用品有限公司
沈伟荣	130592600	BiuBiu 卫生棉条联合创始人
罗志强	JOHN19793333	国药健康一目眼贴、浙江艾秀熹控股有限公司首席运营官
时亦麟	BKSHHG	亚诗杰绿建总经理，致力于正肽小分子大豆肽粉、益思怡胶囊、桂茯苓固体饮料推广
郑茗月	zheng13925123485	广东江门市新会区以茶相约陈皮茶业有限公司总经理，致力于新会陈皮茶系列、新会陈皮推广
齐勇	13916511536	超 G 名片、艾益生艾灸仪、江中本草素膳工坊代餐粉推广
郭玉芳	guoyufang87	火柴盒沙龙策划导师、活动策划导师
胡小红	13705223132	专注于帮助减肥、失眠、补肾、增加记忆力人群
金雷华	jinleihua001	无卡支付 + 财商培训、河南华芬特信息科技有限公司 CEO、河南景之华商贸有限公司总经理

（续表）

名称	微信号	简介
李金清	15766666885	颜美联盟创始人、华瑞凯琳品牌第一人、微商创业导师
萌妈	15057312223	羽悦本草科技有限公司总代理商，经营中药瘦身养生系列
陆天宇	18813224334	广州追梦科技有限公司董事长
李平	15921163172	云南白药眼罩，云南白药馨安适尿不湿、合凯云南白药，兴化城市合伙人
张军	13924660277	日用护肤快消品、绿叶小商联盟，系统发展委员
严映	1366037	各种微商软件推广
张浩	13793514653	国家一级品酒师和酿酒师、中国葡萄酒评委，青岛葡萄名庄贸易有限公司总经理，经营国内外名庄葡萄酒
钟永平	18905974399	北下朱微商会
聂真实	24091177	微谷明星讲师、中国微商落地式培训缔造者、全军营销落地系统缔造者，擅长团队裂变、极速动销，团队诊断
张奔	313797	《我是微商 4》的作者、闪电百万富翁自循环体系缔造者
金迹人	jinqilong99	微商模式设计第一人、《移动社交微电商营销》的作者
罗品牌	18201107670	《微商生意经》的作者
王通	tongwangnet	秦王会创始人
表叔	13674943119	微商地推第一人
殷中军	junzihao888	《我是微商 4》的作者、微谷高级讲师
雷神	512571652	美尚集团执行董事、K 友汇 K 女神全球粉丝顾问、肖氏集团执行 CEO、腾讯总部微营销特聘讲师专家
张三道	18867177858	微商爆款大王、小白科技创始人
余小华	18620993344	《超级网红战略》的作者、傲华社交新零售科技 CEO、华南六少创始人
叶丹丹	18019989443	合肥伍叶居商贸有限公司企业法人

（续表）

名称	微信号	简介
赵小白	13513807607	幼奇联合创始人
冰凌子	410784140	羽悦本草系列养身产品
波仔哥	haozhibo88	专职微商从业者
鸿辰	18513558689	劲家庄总代
张莉	w6876	羽悦本草健康科技股份有限公司全国总代理商
高先森	13341294003	百和仁金融信贷经理
贺利红	13928402589	深圳俏姿兰生物科技股份有限公司，致力于护肤品、面膜推广与销售
王海龙	18668039888	3D 虚拟服装定制系统、九工坊酒业有限公司董事长
任安华	15088512259	羽悦本草健康科技有限公司总代理商、微营销创业导师、羽悦本草官方合伙人
胡源	15623458215	微世界新零售商学院华南大区总裁
流年小筑	452777248	万人迷作家团暨小筑微文案创办人
梁坤	1878550819	
高先森	13341294003	百和仁金融信贷经理
赵福利	980188318	朵嘉浓全国总代、阿农氏（北京）科技有限公司总经理
王莀权	5383263	微商起盘服务，广州兹菲网络科技有限公司董事长
邓珊珊	13709829192	花红药业执行董事
李明泽	15045686555	斯巴达集团创始人
赵凤舞	13654585458	哈尔滨畅购生物科技有限公司董事长、畅购普惠（北京）健康管理有限公司董事长
林碧纯	87064533	梦燃国际联合创始人、MAX 联盟创始人
大宝	AMU121	泉州欢乐多生物科技有限公司市场总监、云南达否电子商务有限公司法人
戴良品	81591326	湖北恩威药业商学院校长
林子美美	873710523	欧事佳生物科技有限公司金牌代理，致力于益生菌、胶原蛋白等产品的推广与销售

（续表）

名称	微信号	简介
小乔	3287494944	品牌总监
梁雅灵	15735900602	浪奇 998 智慧场股东兼执行总院长
岩上榕	83591368	南京卓美斯生物科技有限公司全国总代、维娜芬聚星团队创始人
曹兰英	13622671728	SPB 护肤品、精英荟科技创始人
老铁	13014610909	中孚教育集团高级财商导师
曾美林	G46132	蒙牛新零售高级合伙人
佳妈	13285005377	蜜拓蜜大健康董事
柯明海	WTV000001	莆田市微视酷传媒服务中心总经理、微营销服务等
章喆	759254861	龙脉正合健康科技有限公司
王晓红	420044143	山东咖盟电子商务有限公司股东、内蒙古乐而美商贸有限公司董事长，福瑞达心生爱目系列推广者
杨敏	425073061	羽悦本草全国总代
灵筱	275851954	国灸馆华东地区负责人、浙江国生生物科技有限公司法人兼董事长
陈晨	13777050798	擅长中医养生知识 、培养新人创业绩、中医互联网营销实战导师
冰姐	283868901	艾热灸、悠家顺芝堂执行董事
美琪	253342377	随便果、HHA 蜂浆纸、HHA 面膜、四季优美总代
Angela	656906595	羽悦本草官方总代、溢泓电子商务有限公司总经理
静心	CS873327	羽悦本草养生系列
黄为花	2474910826	羽悦本草金牌总代
张志莲	joanzhang126	瘦身及亚健康调理师
李丽	a6310943636	全职微商
徐掌柜	15918859989	深圳智伴机器人科技有限公司总经理、网易游戏事业部前运营经理
少帅	15158989895	淘宝网红直播服务、淘宝直播账号开通服务、网红主播孵化、国际品牌轻奢化妆品供应链

（续表）

名称	微信号	简介
牛向喜	18566088776	实体 + 微商渠道、母婴 + 化妆品异业联盟、母婴及童装供应链资源
郝晓明	pljke1004	智能净水系统，医疗冷敷贴系列、智能物联网综合服务平台、青岛智优翼猫科技有限公司合伙人
项目哥	907089900	自媒体运营、创办“创业星项目”（公众号 200 万名粉丝）、东莞市黄中网络科技有限公司 CEO
钱亦成	15021828598	香身艾宝、河南艾力健药业有限公司、同城上海进口水果整箱线上批发
甘青丽	2661039300	东医七味
陈氏姐妹	810306389 104086089	宁波晨合悦健康管理有限公司总经理、晨合悦品牌创始人，晨合悦五行消痛贴、晨合悦草本紧致能量套等产品推广人
王琪琪	2259332498	健康养生、艾非总代理
马昭德	14118490	酒圣科技股份有限公司董事长
思埠冰冰	azjbb198382	思埠集团分公司董事长
张双双	zss746067768	黑龙江省博海名品商业管理有限公司，致力于线上与线下培训
王刚	783633835	微商培训服务、擅长视频制作，公众号制作，社群管理、微商课程对接
王平	3176324621	羽悦本草金牌总代、微商创业风云人物，团队裂变金牌讲师
棠棠	HHT857036933	羽悦本草总代理商
强仔	97042279	广州脉库信息科技有限公司、317 家微商品牌系统顾问
李茵娜	15915829247	暖小白品牌创始人、南京同仁堂暖小白运营总裁、微商操盘手
黄阳明	Yangming61799	好望角商学院商业战略专家
薛小红	441454613	羽悦本草万人迷创富联盟创始人、微商实战创业导师

（续表）

名称	微信号	简介
郑宁华	15887811280	山东烟台鑫溢科技有限公司窝姿品牌运营经理，致力于打造落地的创业平台
褚娟霞	18641025119	初盈品牌创始人、山西锦波电商事业部总裁、山西锦波法罗米总经理
慕凌	11556021	微商培训、微商公社流量部负责人、引流裂变、微商团队底部动销，专业培养微商卖货高手
毛见闻	miniboss341	优士圈 CEO、《微商操盘手》的作者，为微商项目提供系统、落地、实操方案，擅长起盘、运营等
糖伯虎	32795328	轻瘦蜜品牌创始人、浙江源生肽健康管理咨询有限公司董事长
郭安娜	13905761420	“还你年轻态”、盈养康品有限公司联合创始人
王介威	18516636375	中国职业微商操盘手、上海梯课教育科技有限公司负责人、知名品牌微商运营专家
王智远	bx19891217	楚楚推、s2b2c 电商平台、楚楚大学商学院院长、楚楚推运营总监
范未疆	wx885867054	日本房地产投资中介
徐海峰	Davidwin618	新零售实战营销专家、《绝不放手》的作者、微商实战派教练、峰汇国际教育集团创始人
蒋尚宏	13362933255	微谷中国操盘手
多多	sxrduoduo	秒偶红人首席战略官、红人社交电商、短视频社交媒体，全国 3 万个红人资源
斓斓女神	9921942	自明星 IP 打造、K 大咖明星社群创始人、星迹传播创始人兼 CEO、见解传媒创始人、IP 架构师、斓斓国际传媒董事长、资深自媒体人、策划人
璐少	13986296555	微商讲师孵化、招商内训、中国经联会微商专委会教考中心主任
马老实	78254250	职业幕后操盘、微商品牌服务
王易	18520601818	资深新媒体运营者和实践者、《你的社群价值百万》的作者、微信通 CEO
黄勇	Yonghuang830	微商帮帮团创始人、阳明教育倡导者

（续表）

名称	微信号	简介
无崖子	Hifhxs	商业模式起盘、招商、内训、裂变
唐顿	sorrycctv	中国新派青年作家、中国新微商大会创始人
王先明	198823456	苹果达人、达人影业有限公司创始人、小视频营销达人
茶道长	Sunjwgg	微商公社创始人、茶道长顾问团创始人、微商品牌推广
勇哥	Weishangchunwan	微商春晚创始人、53 微商界创始人、沸点天下董事长
王重	Nous0818	作家、诗人、电商网红推手、资深自媒体人、电商培训、品牌策划、微营销顾问
欧牧城	8208903	视频营销达人、百度营销、新媒体运营、操盘手
龚文祥	Gongwenxiang8	资深自媒体人、触电会创始人
阿小哥	vip77788888	奉天世龙堂品牌创始人、中诺普利集团副总裁、众多微商品牌微营销实战导师
章官方	13801722798	上海爱情鸟纺织品有限公司总经理，专注制造高品质清馨健康防臭袜
金莉	66110733	中龙在线（小龙虾产业链）、中龙控股 + 商学院导师、平安培训讲师 9 年，擅长企业内训，大型活动策划及主持
刘承颖	271970263	花皙蔻、人鱼线招商总监，提供线上朋友圈视觉营销培训，社群营运，代运营营销策划
龙玉梅	13924048377	广东仙草石斛化妆品有限公司董事长、仙草石斛品牌创始人
王玉梅	18876229969	福建省泉州妍什尚贸易有限公司董事长、梦萱秘语品牌创始人
夏诚恩	11317139	微社群、创富帮创始人、专注微社群演说、成交实战训练
叶丽娟	627239592	北京纳米世界科技有限公司运营总监、纳米生态链市场品牌运营和推广
张金杰	41577760	Nanotree 纳米世界操盘手、北京纳米世界科技有限公司

（续表）

名称	微信号	简介
卢悦	369928988	ET 品牌创始人、资深操盘手
钰婕	yujiemeiji	深圳市钰婕美肌化妆品有限公司 CEO
李雪	17600539255	爆款微商、新奇特产品、精品化妆品、零元创业
童芬芳	tff943705146	羽悦本草金牌代理商，擅长批发式成交代理
蝉禅	13618	朵嘉浓创始人、初美创始人、上海初美生物科技有限公司董事长、微商起盘总教练
姚金凤	18091222891	修芙俪创始人、微商著名操盘手、金风国际创始人
凌教头	419094709	中国电子商会微商专委会秘书长、微谷控股总裁
丁华军	13777929888	云智能训练系统创始人、领袖导师赋能教练、招商内训导师、线下沙龙辅导教练
娄美人	15868943713	微谷营销总监、定制团队内训、招商、顶层设计
背影哥	Beiyingge13	“女神范”传媒 CEO
孙庆新	Sunqx1984	微商水印相机创始人
上官龙曌	Sglz5678	微演说能量教育终身推动者、阳明教育创始人
郭吉军	Cqgjj7	资深媒体实践者
路弟	15071200320	人工智能微手机创始人、社群营销专家、圈粉科技 CEO、侠客科技 CEO
王小辉	Wxid_huiGe	《微商新闻联播》的主持人、微匠人频道创始人
九哥	Zheng9zhou	《这样玩微商 赚钱赚人气》的作者、“落地荟”联合创始人
肖森舟	83097	“微商名人帮”创始人、《微信营销 108 招》的作者、“森舟梦想汇”学习社群创始人
钱叫兽	Chengjiaoshou400	吸引力营销创始人、《文案成交方程式》的作者、文案营销首创者
于久贺	2463204249	互联网商业模式设计与运营、《创客的天阶》的作者、中国电子商务协会移动电商促进会会长
于智凤	282266716	《点亮微直播》的作者、天使投资人
老梁	Lgh900304	“老梁讲微商”创始人、微商品牌运营官

（续表）

名称	微信号	简介
李辉	13316477717	资深微商操盘手，招募实力代理、帮扶微商创业
叶微微	13105632201	擅长处理问题皮肤
独狼	WSH111168	助农微商创始人
大海老师	3896029	社群极限爆破、互联网创业 10 年的“90 后”
钱露	13951817203	万家山庄农业生态园
杨丽红	13526666137	河南爱康健康科技集团全国总代
马金鹏	13895132366	草本参宝创始人、宁夏绳霆商贸有限公司总经理、资深微商操盘手
大春	13732220395	理财投资、万人团队长、“90 后”互联网创业导师
星月	15839191570	天之花万店连锁、美容美体纹绣诚邀加盟店学员、焦作康元商贸有限公司创始人
于多	13840818889	辣妈酷爸互联网创业实战导师、万人网络父母大讲堂开创人、家庭互联网创业辅导、斯坦福妈妈
东天老师	YHD313	赋能讲师教练、内训导师
小旋风	972558352	专注微商教育培训咨询、微谷教育营销总监、100 个微商品牌的资深顾问
黎天雄	15395794553	微商咨询师、定制团队内训、微商自媒体服务
老温	17606791329	自媒体专家，专注移动互联网发展和公众号运营
章清逸	787936237	微商讲师培训专家、清逸商学院创始人